# はじめに

　私たち教師はみな、子どもたちが生き生きと活動できる楽しい授業を行いたいと思っています。このご時世でいえば、授業改善の視点である「主体的・対話的で深い学び」によって、一人一人の子どもたちの資質・能力を育成できるような授業です。こうした授業の実現には、さまざまなチャレンジが必要になるはずです。

　しかし、私たちの時間はひどく限られています。「働き方改革」が叫ばれるいま、少ない時間で効果的・効率的に授業をつくる力量を高めていかなければなりません。そのために私たちにできることは何か、ずっと考え続けてきました。それが、ひょんなことから、新しい可能性を感じる場を見つけることになります。何を隠そう、SNS です。

　教師仲間に勧められるままに、「ちょっとおもしろそう」くらいの気持ちではじめた Twitter でした。それが、同業の先生のアカウントをフォローしたり、タイムラインを眺めたりしているうちに、よりよい指導方法や教師の仕事の効率化について悩んでいる先生方がいかに多いかということに気づきました。加えて、そうした先生方の手助けになればと、自分なりに考案した考え方なり方法が、惜しみなくつぶやかれていたことです。

　そこで、「ちょっと自分でもやってみよう」と、授業などで活用しているアイテムをつぶやいてみたところ、思わぬ反響がありました。

　このとき、ふと思ったのです。指導法というには憚られるような些細なことだと自分自身思い込んでいた試みが、予想外に世の中の先生方のお役に立てるのではないか…と。

　そんなこんなで誕生したのが本書です。本書では 52 の「アイテム」が登場します。いずれも、私（松村）と三戸先生が日々の指導のなかで使っているもので、先生方のお役に立てそうなものを厳選して収録しました。いずれも些細な取組ですが、ぜひお役立てください。

令和 2 年 8 月吉日

# INDEX 指導技術アップデート［アイテム52］

## 3 学びを深める

## 4 学級をまとめる

## 5 保護者を味方につける

# ロジック編

# アイテム
## 編

# アイテム 01 マスキングテープ

**場面** 全教科等

**POINT** マスキングテープを板書に使うと、

黒板が**ぐっと締まる**。

**境界**が**明確**で見やすい。

黒板消しを使っても

**線が消えない**から**便利**！

**安価**だし、すぐに剥がせば

**跡も残らない！**

## ! 手早く美しい直線が引ける

授業のなかで、黒板に直線を引く場面は多いように思います。たとえば、理科で実験結果を確認する場面では、表に整理していきます。

このように直線を引く場面、特に表やピラミッドチャート、X・Y・Wチャートなどの思考ツールを活用するときに、チョークと黒板用定規を使って直線を引くのではなく、マスキングテープをさっと貼ることをおすすめします。

よく使われている黄色のマスキングテープは、黒板に貼ると非常に映えます。境界が明確で見やすく、メリハリのある板書になります。子どもの意見などを書き込んでいくときに黒板消しを使っても、マスキングテープの直線は消えないので便利です。粘着力は弱いので、すぐに剥がせば跡も残らず、安価なのでどんどん使い捨てることができます。

さらに、フリーハンドでもある程度真っすぐな直線を引くことができます。いろいろな授業を見ていると、定規を使いながら結構な時間をかけて直線を引いたり、少し曲がるなどしたら消して書き直したりする場面をしばしば見かけます。それでは時間がもったいない！

定規を使って丁寧に書く姿を子どもに見せることには一定の意味があるとは思いますが、授業のねらいとは関係ありません。ぜひマスキングテープを活用してみてください。はさみを使うことなく手でちぎることもできるので、時間をかけずに美しい直線を引くことができます。

### 板書以外にも活用できる！

板書だけでなく、マスキングテープを活用できる機会はたくさんあります。たとえば、ちょっとした掲示物を貼るのにも、粘着力が弱いので壁紙が剥がれる心配もありません。クリアファイルに10cmくらいの長さで貼り、中身が何なのかをネームペンで書いておけば、整理術としても使うことができます。また、生活科のおもちゃづくりでも役立ちます。子どもがマスキングテープをちぎり、風で動く車のスタートラインを引いたり、ぴょんぴょんがえるが跳んだ高さに自分の名前を書いたマスキングテープを貼ったりする際にも活躍するオールマイティなアイテムです。　　　　　(松)

# アイテム 02　学習活動「選択制」

場面　全教科等

POINT

ほんのちょっとしたことでも、

自分で「選べる」「決められる」

こんな自己選択・自己決定が、

子どもの学習意欲を掻き立てる！

自分で選んで、学んだことを

みんなでもちよれば、

全体の話し合い活動も活性化する！

# ⚠ 自分で選んで「楽しさ」アップ！

「自分の考えで選べる」「選んだことが承認される」これ以上に子どもたちの主体性を引き出せることはないように思います。この主体性は、ドリンクバーで飲みたい飲み物を飲めるようなワクワク感に似ているように思います。

そこで、ここでは、授業を通じて子どもたちが自己選択・自己決定できる学習活動例を紹介したいと思います。

○授業のねらいがわかるワークシートを用意しておく。自分の考えをノートに書きたい子どもは、ワークシートを使わなくてもいいことにする（ノートにどのようなレイアウトを描くのかも自由）。

○演習用の問題の一つ一つに難易度★マークを入れておき（★★★：難問など）、そのなかから子ども自身が問題を選んで（自分の理解度に応じて）取り組めるようにする（取り組む順番を自由にする）。

○作品づくりに取り組む際に、教科書に掲載されている写真以外からも選べるようにする。

○実験で使う砂や泥は、校庭のどんな場所からでも採集してもよいことにする。

ほかにもたくさんあるでしょう。本当にちょっとしたことなのですが、「自分が何をしたいと思っているのか、自分の理解度はどの程度かについて考えられるようになる」「自分で選んだことで学習意欲が高まる」など、選択制の導入の仕方次第で、いろいろな学習効果を期待できるようになると思います。

**選べる自由は未知を生み出す！** 総合的な学習の時間で、給食の残飯量の実態調査をしたときのことです。日付順・残飯率順・重量順など、いくつかの観点で作成した資料を用意しておき、子どもたちが資料を選んで調査をしたところ、その後の話し合いがとても盛り上がったのです。自分が選んだ資料がどれかによって分析の仕方に違いが生まれ、全体での話し合いで、思いもよらない気づきが生まれたわけです。このとき、「この方法、ほかの教科でも使えそうだ」と思ったことがきっかけで「選択制」を取り入れました。 （三）

# アイテム 03 見通しホワイトボード

**場面** 主に国語、社会、算数、総合

**POINT** 👉 １時間の授業の**見通し**をもてると、

子どもたちのなかに**安心感**が生まれ、

主体的に学習に取り組む**意欲**が高まる。

そこで…

ホワイトボード**２枚**で、**２通り**の活用、

矢印マグネットとの**併用**で、効果が**倍増**！

## ❗ めあてだけではなく、見通しも示そう！

　Ｂ４判〜Ａ３判サイズのホワイトボードは、本当に使い勝手のよいアイテムの１つです。裏にマグネットがついているものを選びましょう。これを２枚用意し、それぞれに「見通し」という見出しをつけ、そのうちの１枚には、「①②③」と数字のマグネットをつけます。これは、授業の見通しをもたせるためのものです。

　算数であれば、主となる問題についてみんなで考え、まとめをしたあとの場面で活用します。たとえば、①教科書○ページの１番、②教科書△ページの補充の問題、③計算ドリル□番までなど、問題演習の進め方を提示するのに使うわけです。

　総合的な学習の時間であれば、次のように使います。まず、めあてを確認し、「今日はどうやって進めていくとよいかな？」と問いかけます。次に、子どもと進め方を話し合い、決まったことを「①②③」に書きます（①自分で調べる、②班で出し合う、③クラス全体で確認するなど、１時間の流れを示すことが多い）。また、矢印マークのマグネットを用意しておき、今どの段階（「①②③」のどこ）を学習しているかがわかるように該当番号を貼ります。

　もう１枚は、授業（主に総合的な学習の時間）の終盤に使います。まとめをしたあと、「次の時間はどうする？」と問いかけ、子どもと話し合って決めた次の授業の見通しを２枚目のホワイトボードに書き、黒板に貼ります。授業後も、この見通しホワイトボードを教室掲示します。そうしておけば、次の授業への意識や意欲を維持させることに役立ちます。

### ホワイトボードを使うメリット

「見通し」を板書される方は、あまり多くないと思いますが、実際に明示すると、思いがけない教育効果があります。子どもにとって先の見える授業になり、主体的に学習に取り組める確度があがるからです。さらに、ホワイトボードを活用することで、「使わないと！」という心理が自分に働き、学習への意識化がより促進されます。算数であれば、授業前に問題演習の進め方を書いておくことでパッと提示できます。　　　（松）

ファストパス・コース

**場面** 全教科等（特に算数）

**POINT** 👉 子どもたちがみな同じペースで学べるわけではない！

**一般コースとファストパス・コース**

に分ければ、問題演習が苦手な子どもの丸つけは

**短時間**で完了！

すぐに席に戻って、**次の問題**に取り組める。

学ぶペースが異なる子どもたちの

**学習機会**を保障できる！

そのうえ**メタ認知**だって育つかも！

## ！ 丸つけのために並ぶコースを分ける！

　算数などでは、子どもたちが問題演習を行った後、丸つけをしてもらうために教卓までもってくる場面があります。一斉に行うと、列が長くなり、順番待ちが生まれます。

　クラスには、問題を解くのが苦手な子どももいれば、ゆっくりマイペースで問題を解こうとする子どももいます。このような子どもが列に並んでいる時間がもったいないと感じていました。教師による丸つけをやめて、子ども同士で丸つけする方法もありますが、子どもにとっては「先生の価値づけによって自分の達成度を確認したい！」という思いもあります。そこで、考えたのがファストパス・コースです。

　元ネタは東京ディズニーリゾートのファストパス。このパスをもっていれば、長い列に並ぶことなくアトラクションに乗れるというものです。これに倣って、丸つけをする列を「一般コース」（廊下側に伸びる列）と「ファストパス・コース」（教室うしろの黒板側に伸びる列）に分けて置いてみました。双方に列ができると、教卓を起点としたL字型の列になります。

　「時間がかかりそうな人は、ファストパス・コースに並んでね！」と伝えておけば、子ども自身の判断で自分に合ったコースを選ぶことができます。実際に、ファストパス・コースに並ぶのは3割程度。少ない待ち時間で丸つけをしてもらえるので、すぐに次の問題に取りかかれます。

　教師は、子どもの並ぶ列の長さを確認しながら、半々もしくは若干ファストパス・コースを優先して丸つけをしていきます。うまくいけば、子どもたち全員が、ほぼ同じ時間で問題演習を終えることができます。

### 1年生もちゃんと選べる！

　この方法は、低学年を担任していた頃に思いついたものです。1年生も、自分がどちらのコースに並ぶべきかよく考えて選択していました。大切なことは「みんなでできるようになろう！」という雰囲気をつくっておくことです。そうすることで、気兼ねなくファストパス・コースに並べるようになります。もし、合っていないと感じたら「次はファストパスね！」と声をかければOK。メタ認知の育ちも期待できます。　　　　　（松）

漢字ドリル音読

漢字ドリル音読記録カード（　巻）

| 音・訓読み | | 熟語 | | 例文 | |
|---|---|---|---|---|---|
| 月　日（　）　分　　秒 | | | | | |
| | | | | | |
| | | | | | |
| | | | | | |
| | | | | | |
| | | | | | |
| | | | | | |
| | | | | | |
| | | | | | |
| | | | | | |

場面 国語

**POINT** 👉 漢字ドリルは**音読**。それだけで、

漢字テストの**点数**が**アップ**！

読み終えるまでの**タイム**の

**自己ベスト**をめざし、

クラス全員が**夢中**になって取り組む。

授業の**冒頭**に行えば、

学習に向かう**雰囲気**も生まれる。

# ! 漢字ドリルを音読するだけで点数アップ！

　漢字ドリル音読に出会ったのは、土居正博先生の「クラス全員が熱心に取り組む！漢字指導法－学習活動アイデア＆指導技術」(明治図書出版)でした。私のなかに「漢字ドリルを音読させる」という発想はなかったので、新鮮さがありました。「これはおもしろそうだ」と早速、自分のクラスでやってみたところ、期待以上の教育効果を実感しました。

　漢字ドリル音読は、とてもシンプルな手法です。漢字ドリルをめくりながら、新出漢字の音読み・訓読みを(しっかり、スピーディーに)読み上げるだけ。この音訓読みのほかにも、熟語読みと例文読みというバリエーションがあります。

　私が試しに実践したのが2学期だったということもあり、自分なりに若干アレンジしました。音訓読み、熟語読み、例文読みは、合格したら次に進むのではなく各自で選択する、漢字ドリルの上巻か下巻かについても、選択制にしてみました。また、国語の授業のときだけではなく、毎日の他教科等の授業でも、時間がとれそうなときはどんどん行っています。

　「1分コース」と「3分コース」をつくり、授業時間の都合に応じて実施するようにし、子どもたちには記録シートを漢字ドリルの巻末に貼って、自己ベストをめざすように伝えました。

　その結果、漢字に苦手意識をもっていた子どもの点数がぐっと上がり、漢字に対する意欲も高まったようでした。「たかが音読、されど音読」6年生も夢中になって取り組みます。しかも、漢字の力が確実に身につく。隙間時間に誰でもできる、とても有益な方法だと思います。

**土居先生の漢字指導法**　漢字ドリル音読は、土居先生が提案する漢字指導法の一部にすぎません。抜き打ちの漢字50問テストで、クラス平均が90点を超えるという恐るべき指導法がほかにもあります。いずれも、さまざまな理論に裏打ちされた確かな指導法です。とはいえ、どれだけ有用性を感じても、土居先生のすべての指導法をそのまま自分のクラスや学校全体にもち込むことはむずかしいでしょうから、まずはこの漢字ドリル音読から！　　　　(松)

アイテム 06

# 子ども自作テスト

## オリジナル漢字復習テスト

★みんながつくってくれた問題を三戸問題作成マシーンがアレンジ。本当の話もあれば、そうでない話もありますが、どれもみんなの一年間がよく表れた、笑えるおもしろ問題集です。家庭での漢字練習をがんばりましょう。

★答えを隠して練習できるようにしてあります。うまく隠してくださいね。

★送り仮名が必要なものは送り仮名をつけて答えます。普段のテストのようにマークはついていませんので、しっかり勉強しましょう。

**テスト問題①**

①「ぜいの役割」と、**筆で**書くのは難しい。

②はいくづくり、**松村くん**が第1位。

③給食ワゴンにせっ触して**静電気をくらう**。

④**ギャググランプリ**じゅんけっしょう開催。

⑤合っているのに「えっ!?」と**三戸先生**にえんぎされる。

⑥なぜかぼうふうがやってくる**学年集会**。

⑦じゅぎょうで**チョークが折れる**のは、きっと仕掛けがあるからだ…。

（以下、問題が続く…）

①税　②俳句　③接　④決勝　⑤演技　⑥暴風　⑦授業

**場面** 国語（学年末等）

POINT

復習を嫌がる漢字テストも、

子どもたち自身が**つくれば**、

**意欲**が**倍増**！

1年間のおもしろい出来事、

友達や先生の名前が登場する

**おもしろ問題**の数々。

どの子も、クスッと笑いながら、

楽しく学んで**定着**する！

# クスッと笑いが起きる復習テスト

どうやったら新出漢字を覚えやすくできるか、1日2文字ずつ進める、国語の学習と同時に進めるなど、さまざまな学習の仕方があると思います。2学期末から3学期冒頭にあたりに終了すれば順調といったところでしょうか。

あるとき「これまでの漢字の復習をさせてみよう」と思い立ち、もう1度小テストに取り組んだことがありました。しかし、子どもたちからは「えー！またやるの？」とブーイングの嵐。意欲が低いままのテストだったこともあるとは思いますが、（1学期に学習した漢字を忘れているなど）想像以上に定着していないことに気づかされました。

そこで考えたのが、子どもたちお手製の「オリジナル漢字復習テスト」です。この1年の間に起きたおもしろい出来事、クラスメイトや先生の名前を登場させながら、問題づくりにチャレンジさせてみました。

6年生の新出漢字は191字なので、（クラスの人数によりますが）1人5問程度の作問です。復習なので難易度を少し上げ、事前に学習しないと100点が取れないように工夫します。そして、ココが重要なのですが、けっして誰のことも傷つけず、クスッと笑える問題にすることです。子どもたちがつくった問題は私がチェックし、パソコンに入力して完成です。

この自分たちでつくる「オリジナル問題」は効果抜群でした。それに何より、お互いに問題を見せ合いっこしながら楽しそう。それと、もう一つ。問題に答えられる力は、問題をつくる力によって、より高められることが、（副次的に）わかった実践でもあります。

**作業負担を軽くする！** 子どもたちがつくった200問近い問題を新規に入力するので結構な手間です。ICT環境が整っていれば、子どもたちに入力させる方法もありますが、実行はむずかしいでしょう。そこで、作問は冬休み前に行うようにし、冬休み期間に入力と印刷を行います。また、この試みは私のクラスで行っていることですが、学年の子ども全員を巻き込めれば、ちょっとした楽しいブームになるかもしれません。

(三)

「学び方」通信

---

### 【お題】「調べる活動」とは？

「社会科通信」〇年〇月　〇号

**「調べる」には、「レベル」がある！**

　社会科は、問題解決学習。「つかむ」「調べる」「まとめる」という3つの学習過程に沿って授業が進みます。なかでも、「調べる」には「レベル1」「レベル2」があります。

**「レベル1」の「調べる」とは？**

　主に事実を調べること。たとえば、「江戸時代後半に栄えた文化は、（　　）である」「江戸時代後半に栄えた学問は、（　　）である」などの事実を調べます。

**「レベル2」の「調べる」とは？**

　意味、理由、背景などを調べたり、事実をもとに考えたりすること。たとえば、「なぜ歌舞伎がこの時代に人々に親しまれたのだろう？（→町の人々の姿を描いたことが共感を生んだ！）」などの「なぜ」に対する謎解きを行います。

※「レベル1」でわかった事実と当時の人々の生活の様子とを関連づける、前の時代との違いを比較することで、理解が深まっていきます。また、「レベル2」で調べたことをみんなで話し合うことは、社会科の魅力の一つです。

場面 社会

---

POINT 教科の「学び方」がわかっている子供は、

学力も、意欲も高い。

そんな子どもたちを、一人でも増やしたい！

それが教科の「学び方」通信。

「**何のために**取り組むのか」

「**何をすると**評価されるのか」

がわかれば、子どもは「学び方」だけでなく、

学習の「**がんばり方**」も身につく！

# ❗ 「学び方」がわかると学力も意欲も向上する！

　教科ごとの「学び方」を身につけている子どもの学力は、総じて高いものです。しかし、この「学び方」を子どもの力だけで身につけるのは至難の業。そもそも、その教科はどんな教科なのか、教科特性を知っている必要もあります。特に、社会については、先生方からも「どのような授業を行うのが適切なのかわかりにくい」という声があがるくらいです。そこで、考えたのが社会の「学び方」通信です。子どもたちに「社会の学び方」を伝えることを目的とした試みです。

　4月の授業開きの時期には、「資料集や地図帳の活用の仕方」を話題にします。「資料集を活用するとこんな学習ができるぞ！」「地図帳からわかることを読み取れると授業の理解が深まる！」などと、「何のために」学習に取り組むのか、「どんないいことがあるのか」を明確にすることで、「学び方」はもとより、子どもの意欲を引き出すことも意図します。

　また、どのようなまとめであればA評価（あるいは、B、C評価）になるのか、「よいまとめ」を書くためのポイントについても話題として取り上げつつ、「学習問題シート」のまとめにABC評価をつけて返します。

　こうした指導と評価を行き来させることによって、「なるほど、社会ってこう学べば、いい評価になるのか」と、自分なりに「学び方」がわかってくるし、学習への「がんばり方」も身についていきます。授業中「学び方通信にも書いたのですが…」などと話題にすると、ノートに貼ってある「通信」を読み直す姿も見られます。

[参考文献] 澤井陽介、中田正弘著『ステップ解説　社会科授業のつくり方』（東洋館出版社、2014年）

### 保護者への啓発にも使える！

授業公開の際などに、「学び方」通信のバックナンバーを縮小コピーしておき、保護者が自由に受け取れるようにします。すると、「社会は暗記だと思っていましたが、そうではないことがわかりました」と、うれしい感想をもらえることもあります。授業参観中にも「まとめ」の書き方を子どもに再度指導しつつ、保護者にも活動の意義などをちらっと説明すると、とても意欲的に授業を参観してくれるようになります。　　　　（三）

テスト予定表

令和2年度 前期　　　　**ワークテスト予定表**

| 国語 | 出題ページ | 実施予定日 |
|---|---|---|
| 白いぼうし | 9-37 | 月　日（　） |
| アップとルーズで伝える | 38-61 | 月　日（　） |
| 一つの花 | 62-87 | 月　日（　） |
| 新聞を作ろう | 88-113 | 月　日（　） |
| 話すこと・聞くこと | 40-43 | 月　日（　） |
| 4，5月の漢字のまとめ | 9-61 | 月　日（　） |
| 漢字のまとめ・言葉のまとめ | 9-87 | 月　日（　） |
| たしかめよう（文章の読み取り・つけたい力・漢字は前後の単元が含む） | 9-87 | 月　日（　） |

| 算数 | 出題ページ | 実施予定日 |
|---|---|---|
| 大きい数 | 10-19 | 月　日（　） |
| 折れ線グラフ | 23-32 | 月　日（　） |
| 2けた÷1けたの計算，1けたでわるわり算 | 38-54 | 月　日（　） |
| 角 | 58-70 | 月　日（　） |
| 垂直・平行と四角形 | 74-98 | 月　日（　） |
| 2けたでわるわり算 | 102-121 | 月　日（　） |
| たしかめよう（大きい数～垂直・平行と四角形） | 10-98 | 月　日（　） |
| がい数 | 124-135 | 月　日（　） |
| しりょうの整理 | 139-142 | 月　日（　） |
| たしかめよう（大きい数～2けたでわるわり算） | 10-121 | 月　日（　） |

| 社会 | 出題ページ | 実施予定日 |
|---|---|---|
| 東京都の様子 | 2-11 | 月　日（　） |
| 水はどこから | 14-29 | 月　日（　） |
| ごみの処理と利用 | 30-43 | 月　日（　） |

| 理科 | 出題ページ | 実施予定日 |
|---|---|---|
| あたたかくなると | 6-17 | 月　日（　） |
| 動物のからだのつくりと運動 | 18-29 | 月　日（　） |
| 天気と気温 | 30-39 | 月　日（　） |
| 電流のはたらき | 40-53 | 月　日（　） |
| 雨水のゆくえと地面のようす | 54-65 | 月　日（　） |
| 暑くなると　夏の星 | 66-75 | 月　日（　） |
| 月や星の見え方 | 86-99 | 月　日（　） |
| 自然のなかの水のすがた | 100-107 | 月　日（　） |
| たしかめよう（あたたかくなると～夏の星） | 6-75 | 月　日（　） |

| 保健 | 出題ページ | 実施予定日 |
|---|---|---|
| 前期はなし | | |

※日付が決まったら、記入します。
※テストに向けた計画的な学習を進めよう！

**場面** 通年

**POINT**
抜き打ちテストでは、

できる子どもが目立つだけ。

できない子どもはできないまま。

だから…

テストにも「**見通し**」をもたせよう！

「学習の仕方」や「評価ポイント」も伝えれば、

**自主的・計画的**に

子どもは自分の学習を開始する！

## ！ 学習習慣の形成につなげる！

　ある子どもからこんな声が挙がりました。「ちゃんと勉強したいので、テストの日を早く教えてほしい」と。「確かにそうだよなぁ」と私は反省しきり（当時は、週終わりに次週の指導計画を立てる際にテストの予定も決めるという方法を取っていました）。

　テストは学力の定着度を確認するための手段であって、目的ではありません。しかも、抜き打ちに近いやり方では、子どもの（事前の）がんばりを促すことはできません。

　そこで、考案したのが「テスト予定表」です。「何の」テストが「いつ」実施されるのかが事前にわかれば、子どもは「見通し」をもって計画的に学習することができます。

　具体的には、学期分の漢字小テストの予定表を配布したり、学期で行うワークテスト一覧も掲示したり、実施日が決まったら日付を記入したりしています。教師にとっても、学期中にどの単元まで進めればよいのか、見通しをもてるので指導計画を立てやすくなります。子どもたちの自主学習でも「テスト予定表を活用して計画的に進めています」といったうれしい振り返りが見られるようになりました。テストの点数が向上する子も多く、学習へのやる気を引き出すのにうってつけのアイテムです。

　また、（高学年を中心に）中学校の定期考査をまねることで、中学校での学習スタイルを意識させるというねらいもあります。保護者からも「家庭学習に迷っているときに、声をかけやすい」と好評です。

**学習方法の具体を示す**　テスト勉強の仕方がわからない子どもは、クラスに必ずいます。そこで、他の子どもの「自主学習ノート」を紹介したり、教科書を使ってどのように学習すればよいか、その一例を紹介したりしています。また、テストは結果もさることながら、「テストまでのがんばりや前回の自分の結果と比べてどうだったかも評価している」ことを伝えます。学習の仕方と教師の評価ポイントを明確にするためです。

(三)

## アイテム 09 授業づくりガイドライン

> 3個の活動から、本時のねらいなどに合わせて選択し、順序や発問を考えておく。

> 本時の目標を踏まえ、3個の活動から1〜2個を選択。付せん等の活用では、適切さや活用する場について十分に吟味する。

> 3個の活動すべてを順に行うことが望ましい。

### めあて・見通し
（約5〜10分間）
- ○前時までの活動を振り返る。
- ○本時の活動のめあてを確認する。
- ○本時の活動の見通しを立てる。

### 中心的な活動
（約25〜35分間）
- ○個人で活動する。
- ○少人数で活動する。
- ○全体で活動する。

### まとめ・振り返り
（約5〜10分間）
- ○本時の活動のまとめをする。
- ○次時のめあてや見通しを立てる。
- ○本時の活動を振り返る。

**場面** 主に生活・総合、他教科等に転用可

**POINT**

授業づくりガイドライン…

それは、**経験則**に裏付けられた

授業の流し方＝「**型**」

それが、毎日の授業づくりを充実し、

授業に**安心感**を生みだす！

授業への事前の準備は、**緻密に**！

子どもの前での判断は、**大胆に**！

## ! 毎日のすべての授業を一定水準以上にするために！

　私たちは毎日6時間もの授業を行いますが、そこそこ短時間で準備をし、一定水準以上の授業をコンスタントに行わなければなりません。そこで、教員生活のある程度のところに至ったら、自分なりの授業の「流し方」を体得しておくと授業づくりが楽になります。楽になった分だけ、「やりたいと思っていたけど、時間がなくてなかなかできなかったこと」に注力できるようになります。

　このアイテムは、校内研究を通した経験則を形にしたボトムアップ型の「流し方」です。勤務校では、生活・総合の授業づくりの拠りどころにしています。ガイドラインに登場する言葉は、先生方が共有する共通用語となっています。

　また、このアイテムは生活・総合のために作成したものですが、他教科等でも十分に活用できるし、実際に国語で活用して授業改善に取り組んでいる同僚もいます。

　教師一人一人自分なりの授業の流し方のセオリーをもっておきたいところですが、枠組みにとらわれすぎると意味が失われ、形骸化につながりかねません。そこで、「ガイドラインに沿った授業づくりは緻密に、子どもの前に立ったら判断は大胆に」。こうした緻密さと大胆さのバランスが大切です。大胆な判断の省察を的確にするためにも、ぜひ活用してみてください。

### 型があっての型破り！

　「型ができていない者が芝居をすると型なしになる。メチャクチャだ。型がしっかりした奴がオリジナリティを押し出せば型破りになれる」とは、噺家の立川談春の言葉です（立川談志『赤めだか』扶桑社）。

　優れている、望ましいと言われている「型」に沿ってやってみることは成長への近道。しかし、そこでとどまってしまうのではなく、型からはみ出したり、型自体を見直したりすることで、次のステップに進むことができます。大量採用で若手教員が増えている昨今、型のメリット・デメリットを再確認し、有効に活用していきましょう。　　　　　　　　　　　　　　　　　　（松）

# アイテム 10 子どもが決める単元名

## 総合の単元名決定の場面

場面 生活・総合

生活科の単元名掲示（左上）

**POINT** 👉 生活科・総合的な学習の時間では、

子どもたちが単元名を決められる。

何をしたいか、

何のためにするのか、

どんなゴールをめざしたいのか…

子どもたちの**思いや願い**が詰まった

単元名だからこそ、**学ぶ意味**が生まれる！

# ！ 「何について学ぶのか」を子どもが決める効用

　生活科は、教科書はあるものの、そのとおりに活動が展開するわけではありません。総合的な学習の時間に至っては、教科書自体がないので、各学校で定める年間指導計画のもとに、子どもの思いや願いを踏まえながら学習を進めていきます。ここに、（国語や算数とは異なり）単元名を子どもが決めるチャンスが生まれます。

　「小学校学習指導要領解説　総合的な学習の時間編」によれば、「どのような学習が展開されるかを一言で端的に表現したもの」を単元名だと定義し、「児童の学習の姿が具体的にイメージできる」「学習の高まりや目的が示唆できる」ことが大切だとされています。

　ということは、子どもたちが単元名を考えたっていいわけです。その効用は、子どもが学習の見通しをもてるようになることで、よりいっそう主体性を引き出せる点にあります。

　単元名を決めるに当たって活用したいのがボックスチャート（思考ツール）です。子どもが単元名に加えたい言葉を選んでボックスの周りに書き、分類・統合しながら１～２文にまとめていきます。

　特に生活科は、Ｂ４判のコピー用紙と色画用紙を２枚ずつ用意し、横長になるように貼り合わせ、子どもたちが考えた単元名を書き込み、その周囲には絵をあしらえば、「自分たちで決めた」という実感が生まれ、単元名に対する愛着が湧きます。

## 単元名って、いつ決めるの？

　生活・総合では、授業の最初から単元名を提示したり、決めたりすることはしません。学習課題は教師が用意しますが、本当にそれについて学んでいくのか、子どもたちと対話する必要があるからです。この点も教師を不安にさせる要素ですが、単元名を決めるべき瞬間は必ず訪れます。それは、①子どもの意欲が最初に上がりきったとき、②今後の活動の見通しが立ったとき、③クラスでめざすべきゴールが決まったときです。単元がはじまって、総時間数の２～３割が進んだあたりで、「とうとう、その瞬間がやってきた」と感じたら、その場で決めてしまうのがオススメです！（松）

# 総合ボード

次の
総合 2/28
木2ん3校

グループの進行状況を
チェックしたり、
演奏会の流れを
確認したりする

**場面** 総合

POINT

子どもの思いや願いを大切にしながら

**最小時間で**「めあて」と「見通し」を決める。

それを可能にするのが「総合ボード」。

「中心的な活動」や「まとめ」の時間を

しっかり**確保する。**

教師の**タイム・マネジメント**は、

子どものさらなる**やる気**を引き出す！

## ！ めあてや見通しが確実に浸透する！

　どの教科等においても、子どもの思いや願いは大切なものですが、とりわけ総合的な学習の時間においては重要です。思いや願いを出発点にしてめあてをつくっていくわけですから。

　そうはいっても、子どもの思いや願いは十人十色。一人一人から聞き取っていては、時間がいくらあっても足りません。かく言う私も本時のめあてや見通しを決めるだけで 10 分以上かかってしまい、肝心の活動に時間を割けず、授業を不完全燃焼にしてしまったこともしばしば。「議論が盛り上がったところで時間切れ」「まとめや振り返りも尻切れトンボ」では、子どものやる気も集中もプツリと切れるし、学びも深まりません。

　そこで考えたのが「総合ボード」です。毎時間の授業終末に、次の時間の「めあて」を話し合って決めてしまいます。その日の「中心的な活動」を終えた直後なので、短時間で決まります。みんなで決めた「めあて」は「総合ボード」に書き込んで教室掲示します。

　次の時間では、「総合ボード」を見ながら「見通し」を立てるので、これもまた短時間で終わります。実際には、授業開始 5 分程度で「中心的な活動」に入っていけるわけです。

　総合的な学習の時間に限ったことではないと思いますが、授業のタイム・マネジメントは、今後いっそう重要になると思います。長丁場の総合を通して、45 分の学びを具体的にデザインし、最適な時間配分で授業を行うノウハウを身につけられれば、どの教科等の授業も、的確にタイム・マネジメントできるようになるでしょう。

**掲示位置がカギ！**　「総合ボード」は、子どもの目に入りやすい教室の入り口付近の棚などに掲示します。休み時間などに気になっている子がいれば、「次の総合どう進めていくといいと思う？」などと話しかけ、自分なりの考えをもたせるきっかけをつくることもできます。総合には教科書がないし、長丁場ですから、どう進めていけばだれることなく充実するのかは、多くの教師を悩ませる課題です。そんなときにも「総合ボード」は役に立つはずです。（三）

## アイテム 12 学級会グッズ

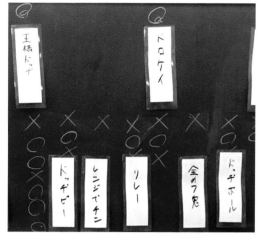

**場面** 学級活動(1)

**POINT** 👉 両面タイプの司会台本を活用しよう！

「**めくりプロ**」を用意すれば

クラス全員が話し合いの

**進捗状況**を**確認**できるようになる。

黒板書記には、**ラミネート短冊**。

書いたり消したり、動かしたりできるので

子どもが意見を的確に**整理**できる！

## 学級会を子どもに任せるための2つの道具！

　子どもが自ら進められる学級会にするために、便利なアイテムを2つ紹介します。いずれも、先輩や研究会の講師から教えてもらったアイデアをもとに改良しました。

### ①司会台本

　司会台本そのものはどのクラスにもあると思いますが、ここで紹介するのは両面タイプの台本です。司会グループが見る面は司会台本となっており、司会グループ以外の子どもたちが見る面は「めくりプロ」になっています。この両面タイプの特徴は、いま話し合いがどの段階にあるのかをクラス全員で把握できる点にあります。

　さらに、司会台本には、決められたセリフのほかにも、使うとよいセリフ案をいくつか載せてあるので、学級会の進行に応じて、司会の子どもの判断でセリフを選ぶことができるようしてあります。

### ②ラミネート短冊

　これは、画用紙を短冊状に切ってラミネートし、裏側にマグネットを貼ったものです。ホワイトボードマーカーで書けば、イレーサーで消せるので再活用できるし、書いたらすぐに黒板に貼ることができるので、子どもにとっても扱いやすい道具となります。

　また、似ている意見を集めて貼ったり、選ばれた意見を上にあげたりすることができるので（黒板上で意見を操作することができるので）、話し合いを収束に向かわせる効果を生み出すことができます。

### 司会台本は学級文庫に置いておこう！

　自分が司会者のときは、緊張してうまく進行できない、話し合いが停滞したときに切り換えられないことがよくあります。このとき、司会台本の中身を子どもたち全員が把握できていると、フロアの子どもからアドバイスの声があがるようになります。第三者的な立場でいられるから、司会者よりも冷静な目で話し合いを見つめることができるのです。そこで、学級会のときだけ司会台本を持ち出すのではなく、いつでも誰でも見られるように学級文庫に置いておきましょう。

（松）

５年生と同様に、次の実行委員をたて、行事をリードしたり盛り上げていったりします。実行委員は、現在の予定です。追加になったり、減ったりすることがあります。

| 日にち | 行　事 | 希望 | 人数 | 仕　事　内　容 |
|---|---|---|---|---|
| 5月13日〜16日 | とうぶ移動教室 | | 男女各2 | ・スローガンの決定 |
| | | | | ・出発式、開園式、朝会、閉園式、帰校式の司会 |
| 6月25日 | 遠足 | | 2 | ・上野遠足の計画、ルール作り、しおり作成　等 |
| 10月6日 | 運動会 | | 3 | ・演技のスローガンの決定 |
| | | | | ・学級、学年練習のめあて設定 |
| | | | | ・練習のリード、ふり返り |
| 11月22日、23日 | 音楽会 | | 3 | ・演奏する曲の決定 |
| | | | | ・学級、学年練習のめあて設定 |
| | | | | ・練習のリード、ふり返り |
| 10月下旬〜12月まで | 卒業文集 | | 4 | ・各クラスページの作成・編集 |
| | | | | ・先生方への原稿依頼 |
| 2月8日、9日 | 展覧会 | | 3 | ・作品の題字（タイトル）作り、掲示のお手伝い |
| 3月7日 | 6年生を送る会 | | 2 | ・6年生の出し物の立案 |
| | | | | ・練習のリード　等 |
| 3月22日 | 卒業式 | | 2 | ・練習のめあて設定、リード、振り返り　等 |

※1年間の中でやってみたい行事を考えましょう。1年間分まとめて募集します。希望する人は第1希望に「1」、第2希望に「2」を付けましょう。実行委員は、1人1回が基本です。

場面　各種行事
　　　（年度はじめ）

POINT
👉 子ども主体の学校行事を実現したい。

そんな願いから、実行委員制度を**フル活用**。

行事ごとの「実行委員」は

**「1 人 1 回」ルール**で募集。

**子どもたちが中心**となって行う活動は、

教師主体とは一味も二味も違う

**充実感**が生まれる！

##  子ども主体の学校行事を実現する！

　運動会での表現では、教師が振りつけを決めて子どもを指導する、学芸会では、教師が演目や台詞を決めて台本を配布し、演劇指導をすることが多いように思います。もちろん、こうした教師の指導がいけないわけではありませんが、できることなら（どの行事でも時間の許す限り）子どもの意見をもとにしながら活動内容を決め、子ども自身の力で練習や本番に臨んでほしいと考えています。

　そこで、（全校行事・学年行事に限らず）どの行事でも「実行委員」を中心に据えて計画・練習・行事の進行等を進めるようにしています。まず、年間を通して、どんな役割を期待しているかを実行委員に簡単に明示します。これは、一人一人が輝く場、責任感を育む場をつくることで、自分の得意分野を生かせるようにするためです。

　卒業式実行委員であれば、12月頃から活動をはじめます。まず卒業式にふさわしい曲を教師が数曲用意し、実行委員が学年にアンケートを取って、そのなかから卒業生が歌う曲を決めます。教師が用意したなかからの選曲ではありますが、「卒業式にふさわしいとはどういうことか」「何のために卒業式で歌うのか」などについて、子どもたち同士で協議しながら行う点で、単に教師が決めた曲というのではない自主性が生まれます。

　また、実行委員は「1人1回」をルールにしています。これは、決まった子どもだけの固定化を避けるためですが、何よりも一人一人が自分の得意分野を生かし、学年のためにがんばれる経験を積ませることが目的です。

### 1年間を見通す活動

　学級開きがひと段落した頃に、子どもたちと翌年の3月までの行事について考える時間を設けます。そんな先々のことを今？と思われるかもしれませんが、一人一人の子どもが何らかの行事の実行委員となって仕事をできるようにするために必要なのです。また、学校にはどんな行事があり、自分たちがどのように進めていくのかも見通すことができます。併せて、行事の目的を考える機会にできること、学年の最初の段階で身につけさせたい力を、学年の最初の段階で明確にできるといったメリットがあります。　　（三）

# アイテム 14 行事シート

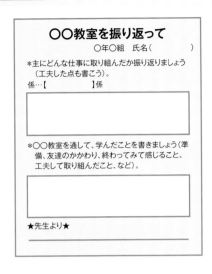

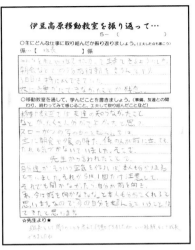

場面 各種行事の前後

POINT

 学校のどの教育活動においても、

「何のために」（目的）と

「どんな自分を目指すか」（目標）が

**明確**になってはじめて、

**成功**に向けたスタートを**切れる**！

## ！ 学校行事の意味を問い直す！

　「何のために、その行事を行うのか」という問いは、当たり前のようでいて、再考することは意外と少ないと思います。「何のためにって言われても、毎年やっていることだからなぁ」と。私もそんな一人でした。しかし、「何のために」が不明確なままなら（理由を答えられないならば）、その行事を通じて子どもにどんな力をつけさせたいのか（教育成果も）あいまいになってしまうでしょう。

　そこではじめたのが、「行事シート」です。このシートには行事の「目標設定」と「振り返り」の２つがあります。準備段階として、運動会、音楽会、宿泊行事の前に、まず実行委員（各クラス数名の代表）と「どんな運動会にしたいか」「宿泊行事を通してどんな力をつけたいか」について、クラスの意見を吸い上げてもらいながら話し合います。話し合った結果は、「スローガン」にまとめます。

　この「スローガン」のもとで行事目標を明確にし、どのように行事を進めていくかを決めていきます。シートには、なりたい自分、それに向けた具体的な行動について書くようにします。運動会など、係の仕事がかなめになる行事の場合には、係の仕事の目標設定も併せて行います。

　行事が終了したら、自分自身の目標を振り返り、成果や課題をシートに記入します。教室に掲示して学びを見合う機会を設けたり、６年生であれば卒業文集制作時まで保管しておき、「自分自身の成長」を振り返る資料として活用したりするのもよいでしょう。

**スローガンと目標設定**　以前の運動会では「数の力」というスローガンを掲げました。「学校で一番人数の多い学年だから、たくさんの人数で息ぴったりのエイサーを踊ろう」という趣旨でした。子どもの目標設定は、「太鼓の音を揃え、155 人で参観者を引きつける」「覚えにくい振りつけは、たくさんの友達と教え合ってできるようにする」でした。このような「何のために」（目的）と「何を身につけるか」（目標）を明確にして取り組めば、前例踏襲では得られない手ごたえを（子どもも教師も）手にすることができます。　　　　（三）

# たてわり班活動チェックシステム

## 12月17日（金）のたてわり班遊びに向けた準備の進行チェック表

|  | 7班 | 8班 | 9班 | 10班 | 11班 | 12班 |
|---|---|---|---|---|---|---|
| 企画書の作成 | | | | | | |
| 掲示資料作成 | | | | | | |
| 担任チェック | | | | | | |
| **12月10日（火）の読書・学習の時間で、少なくともここまでは終わらせること。** | | | | | | |
| 担当チェック | | | | | | |
| 資料掲示 | | | | | | |
| **12月13日（火）の下校までに完了させること。** | | | | | | |

※必要な班は、読み原稿の用意や話す練習などをしておく。

**場面** 異学年交流

**POINT**

行い方次第で、「成長するすばらしさ」を

実感できるのが**異学年交流**のよさ。

# 「ちょっとした隙間時間」と、

# 「チェックシステム」を

## 構築するのが**コツ**。

６年生の**アイデア**満載のたてわりを！

## ❗ 隙間時間＆学級内チェックシステム！

　異学年交流は、行い方次第で子どもの成長をグンと促す活動になります。なかでも、6年生にとっては、下級生の模範となれる、活躍できるチャンスともなる大切な場の1つ。「6年生ってすごい！」「6年生になったらあんなふうになりたい！」などと、上級生に対する憧れが強くなれば、6年生にとってはもちろんのこと、「自分が成長することはすばらしいことなんだ」というポジティブな意識の醸成にも寄与します。

　そのためには「活動計画の立案時間」の保障と「チェックシステム」が必要だと思います。休み時間にバタバタ、活動の内容の確認もままならないという状況は避けたいものです。準備時間を保障するとともに、準備状況が確認できる仕組をつくり、本番を迎えるわけです。

　そこで、ちょっとした隙間時間（テストを終えたあとの10分間など）を活用した、その名も「たてわり班作戦会議」を開催します。短い時間で活動計画を話し合う試みです。

　「作戦会議」で話し合ったことは、計画書に記入し、担当の先生に最終チェックしてもらいますが、学級内でもチェック表を掲示しておき、計画・準備の進行状況を随時確認できるようにしておきます。隣の班の遊びが参考になったり、進行状況について学級内で声をかけ合ったりすることができるわけです。

　6年生にとって大切な活躍の場である異学年交流。アイデアを生かした活動ができるよう、仕組を整えていくことがミソです。

### 行事の「作戦会議」

　平成31年度から、この「作戦会議」は、年間行事予定に位置づけることになり、昼の時間を活用することになりました（※昼の時間：松仙小学校では、「朝の時間」は落ち着いて過ごす時間、朝会や集会、読書などは「昼の時間」に実施）。たてわり班活動を行う1週間ほど前になると、6年生の計画タイムを設けることで、全校をあげて準備時間を確保できるようになります。6年生も、このたてわり班活動の運営は、楽しくて仕方がないようです。　　　　　　　（三）

# 自主学習ノート

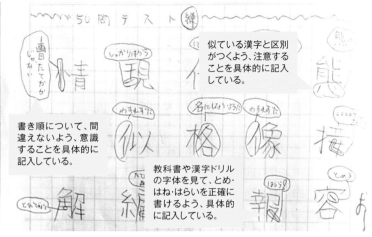

似ている漢字と区別がつくよう、注意することを具体的に記入している。

書き順について、間違えないよう、意識することを具体的に記入している。

教科書や漢字ドリルの字体を見て、とめ・はね・はらいを正確に書けるよう、具体的に記入している。

**場面** 家庭学習

POINT

何を学ぶのかも、**自分で考える学習**、

それが私のクラスの自主学習。

自分に**必要なこと**は何か?

自分に**足りないこと**は何か? を、

知ることから学習がはじまる!

教師の**毎日コメント**で価値づければ、

課題発見・解決能力が

飛躍的に**伸びる**!

## ⚠ 「自ら学ぶ姿勢」を身につける！

　私がクラスで取り組んでいる「自主学習」は、毎日ノートの見開きに子どもが自分で考えた家庭学習を行うというものです。

　「明日は漢字小テストがあるから10問の練習をしておこう」

　「今日の算数の授業で取り組んだ問題をもう1回解いておこう」

　「体育のティーボールで勝つことができた。作戦の分析をしてみよう」

など、自分に必要だと思った学習、自分に足りていないところを補う学習を子どもたちが決めて行うわけです。一律の学習ではない分、選択・判断のむずかしさがありますが、その困難を乗り越えることができたら、まさに「自ら課題を見つけ解決する」力を育むことができます。慣れてくると、自ら選べることが、彼らの家庭学習に対するモチベーションを高めてくれます。

　この取組を行ううえで大切なことは、次の2点です。

①**日々、コメントを入れて返す**…子どもたちが学習したことに対しては必ずコメントを入れること。時間がないときは、1行でもコメントします。私の場合は、5分休みや子どもたちがテストに取り組んでいる間などの合間の時間に行います（どうしてもむずかしいときは、「明日見るね！」と言って返すこともあります）。

②**がんばったノートを紹介する**…教室掲示や学級だよりの裏面を活用して紹介することで、子どもたちに対してはもちろんのこと、保護者にも取組の方向性を伝えることができます。1年を通してできるだけ全員の取組を紹介するよう努めています。子どもや保護者に対し、一つの「学習モデル」として提示できる取組なので、よりよい学級文化の醸成にも寄与します。

**コメントは毎日書く**　なかなか多忙さが解消されない教育現場で毎日行うのはしんどいものですが、たとえ1行でも教師の価値づけは大切です。特に、よく考える子ども、書くことが好きな子どもにとっては大きな励みになります。また、教師にとっても子ども理解を確かなものにする取組でもあります。ぜひ取り入れてみてください。

(三)

[参考文献] 伊垣尚人著『子どもの力を引き出す自主学習ノートの作り方』(ナツメ社、2012年)

# 自由研究 Y チャート

自由研究に向けて（①テーマ、②問い「？」づくりの授業）

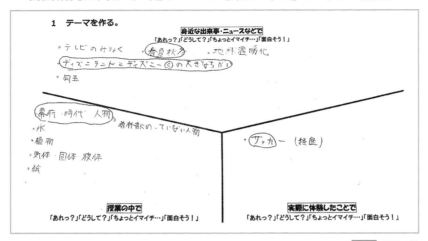

**場面** 夏休み前

POINT
👉 自由研究の成否は、

研究に耐えうる **「問い」** と

問いに沿って研究を進める **「手順」** が

具体的に**わかる**こと。

研究スキルが身につくことで、

子どもたちの**情報収集力**と

**探究力**に磨きがかかる！

## ！ 「研究の方法」を意識した自由研究に！

　自由研究は、「夏休みの宿題」の定番。何も指導しなくても、着々と進めていける子どももいる一方で、多くの子どもは、ただ丸投げするだけでは「何をしていいのか」がわからずに、思考も手も止まってしまいます。

　そこで、Ｙチャート（思考ツール）を活用して、「自由研究のテーマ」を子どもたちと考えるようにしています。考える場面は夏休み直前の授業時間。併せて、７月の保護者会でも話題にします。主な流れは次のとおり。

①テーマを考える。

②テーマから、問い「？」をいくつかつくる。

③選んだ問いに対して、予想・仮説を立てる。

④調べる方法を考える。

⑤調べたことを記録する。うまくいかない場合、方法を考え直す。

⑥適した方法でまとめていく。

　７月は、主に①〜④について子どもたちと一緒に考えます（①②で１時間、③④で１時間）。

　①では、Ｙチャートを使って、身近な出来事・ニュース、授業、実際に体験したことなどを振り返りながら、「あれっ？」と思ったこと、「おもしろそう！」と思ったことを簡単に書き出します。

　②では、問いのつくり方を指導し、自由研究に耐えうる問いに仕上げていきます。問いさえあればスムーズに進むわけではありませんが、問いがあることで何を調べたらよいかわかりやすくなる、まとめがしやすくなるという効果があるので、自由研究には欠かせないと考えています。

### 調べがいのある問い

　問いをつくる際は、「どうして？」「なぜ？」「どうやったら？」「コツは何だろうか？」など、いくつかの疑問詞・形を示して指導します。インターネットで検索したらすぐに終わってしまうような問いや、自分の考えを表現できないような一問一答の問いは不適切であることに気づかせることが大切です。そうすることで、夏休みに取り組むにふさわしい「研究」に近づいていくと思います。研究のしがいのある問いをつくることが自由研究充実の秘訣です。　　（三）

# 指名くじ

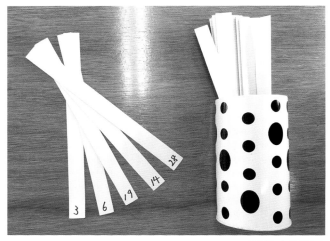

**場面** 全教科対応

**POINT** 👉 **意図的指名、相互指名、ランダム指名。**

指名ひとつとっても、方法はさまざま。

それぞれの**方法**に、違った**効果**がある。

重要なのは授業の**ねらい**に即すこと。

**選び方**を間違えなければ、

多くの子どもの**発言**を引き出せる。

# ❗ ねらいに合った指名の方法を選ぼう！

　子どもに発言させるための指名の方法はさまざまですが、共通すること
もあります。それは、授業や学習活動の「ねらい」に即すこと。

　ここでは、3つの方法を取り上げます。

## ①意図的指名

　頻繁に行われるのが、この意図的指名です。机間指導で見取ったこと、
子どもの姿などを念頭に、どの場面でどの子どもが発言すると学びが広が
るのか（深まるのか）を考え、教師の判断で行う指名方法です。そのため、
教師の側に明確な意図があることが前提となります。

## ②子ども同士の相互指名

　相互指名で効果的なのは、意見を出し合う場面です。これは、子どもの
考えを深めることよりも、授業への子どもの参加率を上げることが目的で
す。また、教師が板書に専念したいときにも使える方法でもあります。

## ③ランダム指名（指名くじ）

　板目紙を子どもの人数分細長く切り、1本ずつに名簿番号を書き、お菓
子などの缶に入れておきます。授業中、教師が引いて、名簿番号の子ども
に発言を促します。要するに、くじ引き指名です。

　やってみると、意外におもしろい効果があります。ビンゴゲームのよう
なワクワク感が生まれることがあるし、子どもから教師の想定を超えるよ
うな発言が飛び出すこともあります。

---

**ランダム指名の場面**　　発言が苦手な子どもにはストレスのかかる方法で
もあるので、活用する場面を吟味することが大切です。たとえば、前時で学ん
だ用語の復習など、誰にでもわかることを尋ねる場面や、相談タイムで近くの
人と考えを交流した直後の場面など。「間違えたらどうしよう？」という不安
がないからです。答えが誰もわからないことを「みんな知っている」場面でも
いいでしょう。気軽に発言できますから。さまざまな方法を試しながら、子ど
もたちの反応する力を鍛えることができれば、どのような問題でも「とにかく
も何か答える」（無回答にしない）という習慣を形成できるでしょう。　　（松）

# アイテム 19 ネームマグネット

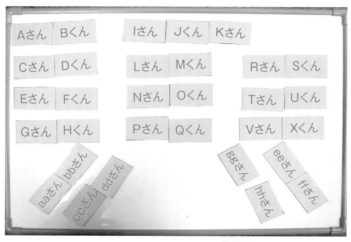

場面 道徳、総合、学級活動

POINT

ネームマグネットは、

年度始めに **2 セット** 用意する！

教師と子どもの双方がもつことで

ねらいに応じて**使い方**を分けられる。

さらに、**制作を子どもに任せれば、**

**愛着**だって生まれる。

まさに、**一石二鳥**！

## ❗ 教師用と子ども用の２セットを用意しよう！

多くのクラスでは、年度始めに、子どもの名前や名簿番号を書いたネームマグネット（３×５㎝など）を用意していると思います。これを、２セット用意しておくと、いろいろと効果的な使い方ができます。

１セットは、教師用です。活用場面は、道徳や総合、学級活動などです。子どもの発言内容だけではなく、発言者の名前を黒板に残しておきたいときに使います。なお、名簿番号順で、黒板の端に常に貼ってある教室を見かけることもありますが、あまりオススメしません。黒板が狭くなってしまうし、余計なものがないほうが集中できるからです。

私は、Ｂ４判かＡ３判くらいのホワイトボードを用意して、座席順にネームマグネットを貼り、教卓にかけておきます。授業で使う場面がきたらホワイトボードごと取り出します。座席順に貼ってあるので、発言した子どものネームマグネットをスピーディーに見つけることができます。

もう１セットは、子ども用です。自分の机の横などに貼っておきます。クラスの当番や係、遠足・集団宿泊的行事の役割などを決めるときに活用します。「自分の希望するところにまずは貼ってみて！」と指示すれば、自分のネームマグネットを黒板に貼りにきます。

道徳の授業であれば、まず黒板にスケールチャートや座標軸を描いておき、自分の考えに該当する箇所に自分のネームマグネットを貼ってから話し合いをはじめます。すると、友達の考えを具体的に意識しながら発言できるし、教師も子どもたちの考えを立体的に俯瞰しながら授業を進めることができます。

### 子どもと一緒につくると一石二鳥

ある日の職員室。遅くまで残っていた若手に声をかけると、マグネットに丁寧に名前を書いていた…。別に悪いことではありませんが、子どもでもつくれるものは、できるだけ任せたほうがよいと思います。はさみで切る、名前を書くなどは、低学年の子どももできます。そうすれば、残業を減らせるばかりか、教師から与えられたものではなく、「自分がつくった自分のものという愛着」も生まれます。　　　　　　　　（松）

## 付せん整理の極意 7 <sup>セブン</sup>

> ① 付せんを出す順番を決める。
> ② 1番の人が、1枚の付せんを出しながら、その内容を簡単に話す。
> ③ 他の人の持っている付せんの中で、似ている内容の付せんがあれば、その付せんを出しながら、その内容を簡単に話す。
> ④ 似ている付せんは、近くに貼る。
> ⑤ 2番以降の人が、持っている付せんがなくなるまで、②〜④を繰り返す。
> ⑥ 出し合った付せんが増えてきたら、丸で囲んだり、名前を付けたりする。
> ⑦ 仲間と仲間のつながりを考え、矢印や説明などを書き加える。

## ダメ！絶対！

★付箋を一斉に出すこと。
★付箋を黙って出すこと。
★付箋を完全に重ねてしまうこと。

場面 主に総合

**POINT** 👉

だれでも気軽に取り組める付せんだが、

適切な活用法から外れれば、

「ただ使ってみた」で終わる。

付せんの活用法には、**極意**がある。

それに沿って運用すれば、

どのクラスのどんな子どもも

**的確**に**情報**を**整理できる**ようになる。

## ❗ 失敗事例をもとに作成した極意！

①数枚の付せんに自分の意見を書く、②４人程度のグループをつくる、③お互いに付せんを出し合い、分類しながら整理する。総合的な学習の時間を中心に、こうした学習活動が、近年行われるようになりました。

勤務校では、平成27年度から令和元年度まで生活科・総合的な学習の時間を中心に校内研究を行っていたので、研究授業でも付せんを活用した学習活動をよく行っていたのですが、うまくいく場合とそうでない場合が明白になってきました。では、どのような場合に失敗するのでしょう。

その一つに、グループメンバーがそれぞれに書いた数枚の付せんを画用紙上に一斉に貼ってしまうことが挙げられます。すると、情報量が多くなりすぎて、その後の活動（分類・整理）が滞ります。そこで、１人が１枚ずつ貼る、それを順番に繰り返すようにしました。

それともう一つ、黙々と（自分の書いたことを説明せずに）付せんを貼ることです。これもまた活動が滞ります。元気がないからダメなのではありません。付せんを貼った後で、目で読みながら分類しようとすると、活動のペースが落ちてしまうのです。おそらく、音声言語に比べて、文字言語の処理のほうが遅いことから生じるのでしょう。

こうした失敗事例をもとに、よりよい付せんの活用の仕方をまとめたのが「付せん整理の極意７」です。この極意の肝は、７つの手順もさることながら、３つの「ダメ！絶対！」にあります。こうしたアイテムを拠りどころにしながら学習活動を展開すれば、どのクラスでも付せんによる情報整理がうまくいくと思います。

### 粘り強く繰り返すことが成功の近道！

付せんの活用など新しいアイテムを授業に取り入れるには、最初の段階で適切な方法を丁寧に教えることも必要です。「付せん整理の極意７」を配ったときには、私が一つひとつの手順を読み上げながら意味などを確認し、次の段階では、子どもたちが自分たちで「付せん整理の極意７」を確認し合うようにしました。このように、（新しい試みは一度で浸透するものではないので）粘り強く取り組むことが大切です。
（松）

# アイテム 21 特大サイズの付せん

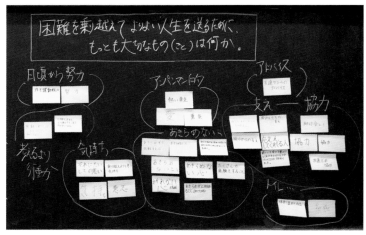

**場面** 主に道徳

**POINT**
👉 クラス全体での話し合いにも、付せんを使いたい。

こんなときに便利なのが、

**特大サイズ**の付せん！

ネームペンで書けば、誰からでもよく見える。

付せんなので、**すぐに**貼れる、

話し合いながら**動かせる**。

**クラス全員の意見**が**可視化**されるから、

**全員参加**の授業が実現する！

# ! 全員参加の授業を実現する！

　公費で購入している付せんは、75×75mm、75×25mm、50×15mm の３種類が多いと思います。その活用法としては、①ノートやドリルなど に目印としてつける、②自分の考えなどを書いて順番を並べ替える、③グ ループをつくって友達と出し合いながら情報を分類するといったところだ と思います。これらの活用法であれば、上記の３種類の付せんで十分です。

　それに加えて、ここでは、特大サイズ（75×125mm）の付せんを紹介し たいと思います。クラス全体で話し合うのにもってこいのアイテムだから です。

　みんなで話し合うのに、上記の３種類の付せんでも活用できなくはない のですが、黒板に貼るのでは、何が書かれているか後ろの席の子には読め ません。それを補うのがこの特大サイズです。短冊なども併用すれば効果 抜群です。

　特大サイズの付せんには、ネームペンでキーワードを大きく書けば、ど の子にもはっきり判読できます。短い文であっても大丈夫でしょう。クラ ス全員が黒板の前に集まって話し合うのにも最適です。

　道徳の授業では、ワークシートに自分の考えを書き、付せんにはそのキー ワードを書き、分類しながら黒板に自分で貼ります。クラス全員が貼り終 わったら、友達の意見と関連づけながら議論を深めます。クラス全員です から、挙手・発言が苦手な子どもの意見も可視化されるし、友達から話題 にされることもあります。全員参加を実現するアイテムだと言えるでしょう。

## 子ども任せてみよう！

　以前は、自分の考えを書いた付せんをもって黒 板の前に集まり、挙手をして発言した子どもの付せんを黒板に貼る方式でした。 しかし、意見の分類は子どもにもできることに気づき、現在の方法に改めまし た。自分が書いた付せんを黒板のどこに貼るのが適切なのかを決めるためには、 友達の意見と比べたり、黒板全体を俯瞰して見たりする必要があります。つま り、付せんを私が黒板に貼る行為そのものが、重要な学びになるわけです。こ うした学びの機会をどれだけつくれるかが、腕の見せどころでしょう。　（松）

# アイテム 22 文章交流メソッド

**場面** 主に国語

**POINT** 👉 できるだけ**多くの友達**と交流してほしい。

それを実現する方法は、**いっぱいある！**

交換したら**戻さない**。

名前は**ペンネーム**で書く。

**付せん**を活用する。

ちょっとした工夫で、普段はかかわりの

少ない友達の文章に**触れ合える**。

##  工夫次第で文章交流はもっと充実する！

　単元の終盤に、自分の考えを書いた文章などを友達と交換し、感想を伝え合う学習活動は、班などの（決まった）グループで交流するのが一般的でしょう。あえてグループをつくらずに誰とでも交流する方法もありますが、ややもすると、男の子（女の子）同士、仲よしの友達同士に限定されてしまう怖れもあります。そこで、提案したいのが次の方法です。

①**ランダム交流**：まず子どもが書いた文章（ノートやワークシート）を隣の席の友達と交換します。その後、元の子どもには戻さずにほかの子どもと交換します。次第に、誰がどの友達の文章をもっているかわからなくなってどんどん広がっていきます。

②**ペンネーム交流**：交換するワークシートなどを実名ではなくペンネームにします。そうすることで、どの友達が書いたのかを想像しながら読むという楽しさが生まれます。

③**ぐるぐる交流**：交換ではなく、読んだら次々に隣の席の友達に送っていく方法もあります。1人あたり30秒などと短い時間を設定し、タイマーが鳴ったら送るようにすると、集中して取り組むことができます。

④**付せん交流**：友達の文章への感想を付せんに書き、交流の時間が終わったら相手に渡す方法もあります。

⑤**座標軸（思考ツール）の活用**：x軸は納得したか、y軸は自分の考えと似ているかなどの観点を自分のノートに書いておき、友達の書いた文章がどの座標に位置するのかを記入させると、自分の考えと比べながら読む力を高めることもできます。

**読む観点と付せんの色を合わせる！**　付せんを活用する際には、色をひと工夫してみましょう。教科書には、交流する観点として、「内容」と「方法」の2つが設定されていることが多くあります。そこで、友達の書いた文章を読み、「内容」についての感想が書きたいときは赤色の付せんを使う、「方法」についての感想が書きたいときには青色の付せんを使うという約束ごとにしておくと、自然と観点を意識しながら読むことができるようになります。　　　　（松）

# アイテム 23 思考ツール掲示

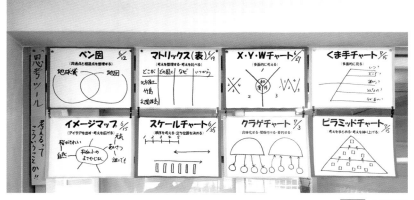

場面 全教科等

**POINT**

やみくもに「考えなさい」と言われても、

どう考えたらいいか（考え方）がわからなければ、

そもそも**考えようがない。**

思考ツールは、**考え方**が身につく最良の道具。

とにかくどんどん使ってみよう！

さらに、**教室掲示**にすれば、

**子ども自らが**活用するようになる！

## ！ どんどん使い、どんどん掲示する！

　教育界でも思考ツールは浸透し、授業でもずいぶん活用されるようになりました。「小学校学習指導要領解説　総合的な学習の時間編」でも、次のように説明されています。

　「『考えるための技法』とは、（中略）考える際に必要になる情報の処理方法を、『比較する』、『分類する』、『関連付ける』のように具体化し、技法として整理したもの」。この「考えるための技法」をツール化したものが、思考ツールだと言って差し支えないでしょう。

　授業で活用しやすい思考ツールには、以下があります。

　イメージマップ（ウェビング）、マトリックス（表）、X・Y・Wチャート、クラゲチャート、ピラミッドチャート、フィッシュボーン、座標軸などです。「目の前の学習を、どのように考えればよいかが具体的にわかる」ことが思考ツールを活用する目的です。イメージマップであれば、視野を広げて考える子どもの学びの姿が一目瞭然です。

　また、（何年生のどの単元でどのように活用するかなど）思考ツールの使い方が勤務校で決められているのでない限り、どの教科等でも、どの単元でも、「使えそうだ」と感じたらどんどん使っていくとよいと思います。

　授業で実際に活用した思考ツールを教室に掲示することが重要です。そうすれば、「こんなときはどれを使うとよいかな？」と子どもに問いかけることで、既習の思考ツールから選ばせることもできます。使える道具が増えていく楽しみもあるし、粘り強く取り組めば、教師が何も言わずとも、子どもが自ら思考ツールを選び、活用したがるようになります。

### 思考ツールの目的化を過度に恐れない！

　「思考ツールはあくまでも手段。活用すること自体を目的化しないように」とはよく言われる警鐘です。確かにそのとおりなのですが、あまり気にしすぎてしまうと、思考ツールの活用を躊躇してしまうでしょう。ですので、最初のうちは試行錯誤だと割り切ってどんどん使ってみるのがよいと思います。そのうちに、「今日は授業のねらいに合っていた！」などと適切な活用場面や活用の仕方がわかってきます。　　（松）

# 板書用マグネット

**場面** 全教科等

**POINT** 教育用語には、教科特有の言葉がある。

教科を超えて使われる言葉もある。

**頻繁に使う言葉**は、

**板書用マグネットセット**に加えよう。

もし、自分の使ったことのない言葉を見つけたら、

それだけでも、明日の授業を**進化**できる。

# ! 自分の授業で使いやすい言葉を見つける！

　どのような板書用マグネットを用意するかは、教師の発想次第です。お隣の教師とだって違うわけですから、きっとさまざまなバリエーションがあることでしょう。私は、次のマグネットを用意しています。

**「めあて」「まとめ」**…毎時間必ずということではありませんが、国語、社会、算数、理科の授業で使っています。

**「問い」**…社会では、単元のはじめで学習問題を設定したあと、調べる段階の数時間に（「めあて」ではなく）「問い」を使っています。「〜だろうか」という疑問形のほうが、調べたりまとめたりしやすいからです。

**「問題」**…算数で、はじめに提示する問題を板書するときに使います。この問題を考えるなかで課題意識を引き出し、本時の「めあて」を設定していきます。また、理科でも、小単元で解決すべき「問題」として提示し、予想から実験・観察へとつなげていきます。

**「復習」**…授業の冒頭で、前時の復習をするときに使います。社会ではペタッと貼ったら、①②③と板書して口頭で復習問題を出しています。一問一答形式で、重要語句の定着をめざしています。

**「教」「資」**…社会の調べる活動などで、参照するとよいページを提示するときに主に使います。

**「読書」「読書・学習・係など」**…課題が終わったあとの過ごし方を指示するときに使います。後者はちょっと緩やかな時間ですね。

**「論点」**…総合的な学習の時間で、子どもの意見が対立したり、問題意識が明確になって絞られてきたりしたときなどに使います。

**学級会用のマグネットセット**　　学級会では、上記で紹介したマグネットのほかに、次のマグネットを用意しておくとよいでしょう。「議題」「提案理由」「話し合い①（②）」「決まったこと①（②）」など。

　また、「出し合う」「比べ合う」「まとめる」というマグネットもあると、話し合いの段階がわかりやすくなります。

(松)

# アイテム 25 短冊方式

**場面** 全教科等

**POINT**

画用紙をただ縦長に**切っただけ**。

そんな切れ端が大量にあれば、どんな意見も

# 書ける、動かせる、掲示できる。

重要な**用語**や**手順**だって

# 何度でも提示できる。

縦に3枚つなげたら、

# ぴったり黒板サイズ。

**教室にストックすれば、子どもも教師も使える！**

　私は、短冊状に切った画用紙を大量にストックしています。八つ切り画用紙を縦に4等分したものが便利です（白石範孝先生が著書の中で紹介されていました）。いろいろなサイズの短冊があっても意外と使い分けがむずかしいので、1サイズで十分です。

　使い道は、授業での活用からちょっとしたメモまで、無限大。たとえば、授業で意見を出し合い、分類する場面を想像してみてください。短冊はいくらでも貼り替える（動かす）ことができます。ですから、子どもが発言したことを短冊に書いて黒板に貼れば分類しやすくなります（裏にマグネットを貼ってもよいですが、セロハンテープやマスキングテープでパッと貼るほうが手っ取り早いときもあります）。

　また、発言した子どもに短冊を次々に渡していき、自分で書かせてもよいでしょう。黒板に貼った模造紙上で分類すれば、授業後にそのまま掲示物にできます。

　1年間で何度も使用する教科特有の用語や手順なども、短冊に書くことで繰り返し使うことができます。国語であれば「中心人物」や「筆者の主張」などの用語、段落の要点のまとめの手順などが考えられます。

　ちなみに、この短冊を縦に3枚合体させると、黒板の縦の長さとちょうど同じくらいになります。この合体短冊は学級会で使えます。司会グループと事前に相談して決めた議題や話し合うことを、あらかじめこの合体短冊に書かせておきます。すると、それを貼るだけで学級会の構成がすぐに黒板にできあがります。

**切れ端を有効活用**　勤務校では、Ａ4判の画用紙を購入していません。このサイズが必要なときは、八つ切り画用紙から余分な部分を切り出してつくります。このとき、余分な部分が生まれますが、そのうちの1つが、本項で紹介したサイズの短冊です。余分な切れ端は、どの学校でも捨てずに一定期間保管しているでしょうから、そこから調達するだけで1年分を確保できます。きっかけは、印刷室の隅で大量の切れ端を見つけたことでした。　　　　　　（松）

# 学びの地図

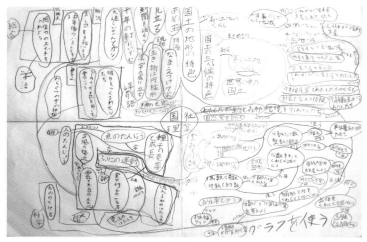

**場面** 学期末（主に国語、社会、算数、理科）

POINT

👉 学習したことを振り返りながら、

自分だけの「学びの地図」をつくる。

自分の学びを**俯瞰**し、**とらえ直す**ことで、

学びが**構造化**され、**知**の**更新**を促す！

## ! 自分の学びを「構造化」する！

中央教育審議会答申（「幼稚園、小学校、中学校、高等学校及び特別支援学校の学習指導要領等の改善及び必要な方策等について」）は、「これからの学習指導要領等には、(中略)学校教育における学習の全体像を分かりやすく見渡せる『学びの地図』としての役割を果たしていくことが期待されている」と提起しています。

この「学びの地図」という言葉を見た瞬間、「この地図を、子ども自身につくらせたらおもしろいのではないか」と思いつきました。

学期末になると、子どもたちは4教科の教科書を見ながら、その学期に学習したすべての単元名を紙（四つ切り画用紙を4等分したもの）に書き込みます。その際、学習内容が似ている単元は分類して色分けしたり、系統性や関係性がありそうな単元については線で結んだりします。これを「学びの地図」と称しています。

それが終わると、裏面に学期全体を通じた学習の振り返りを書きます。この学習活動は、6年生でも2時間ほどかかりますが、どの子も夢中になって取り組んでいます。

授業中、既習事項を意識させようとしても、子どもは目の前の学習で精一杯なものです。そんな折にこの試みをしてみたところ、学期を通した自分の学びをかなり的確に表現するようになりました。自分の学びを構造化できることは、確かな手ごたえを彼らにもたらしてくれます。

### レベルを示すと子どもは燃える！

以下のようにレベルを提示すると、子どもたちは俄然やる気を示してくれます。自分に合ったレベルを選んだり、いまのレベルを確認できたりすることが、彼らのモチベーションを引き上げるのだと思います。

［レベル1］4教科の教科内の単元のつながりがわかる。

［レベル2］4教科の教科を超えた単元のつながりがわかる。

［レベル3］4教科以外の学習とのつながりがわかる。

［レベル4］学年を超えた学習のつながりがわかる。 (松)

# アイテム 27 漢字テスト再確認シート

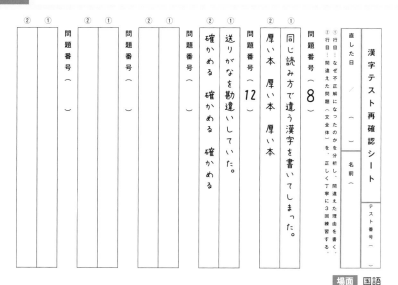

<table>
<tr><td>漢字テスト再確認シート　テスト番号（　）</td></tr>
<tr><td>直した日　／　名前（　）</td></tr>
<tr><td>① 行目…なぜ不正解になったのかを分析し、間違えた理由を書く。<br>② 行目…間違えた問題（文全体）を、正しく丁寧に 3 回練習する。</td></tr>
</table>

問題番号（ 8 ）
① 同じ読み方で違う漢字を書いてしまった。

問題番号（ 12 ）
① 厚い本　厚い本　厚い本

問題番号（　）
① 送りがなを勘違いしていた。
② 確かめる　確かめる　確かめる

問題番号（　）
①　②

問題番号（　）
①　②

問題番号（　）
①　②

**場面** 国語

**POINT** いつになったら終わるのか、先の見えない

「満点になるまで再テスト」では、

子どもも教師も**疲弊**するばかりで、

**力はつかない。**

再確認シートを使って**間違い分析**に

チャレンジしよう。そうすれば、

子どもは自分の**誤答パターン**に気づく。

だから、本当の**力がつく。**

# ❗ 自分の間違いの理由に気づけることが大切！

漢字ドリルに付随している10問テストや、国語のワークテストに入っている50問テストの活用の仕方について提案したいと思います。

これまでは、誤答があると、満点を取れるまで再テストを行っていました。しかし、その方法だといろいろなことがたいへんです。まず採点がたいへんだし、満点になっていない子どもに声をかけるのもたいへんです。名簿にチェックするのも手間です。しかし、一番たいへんなことは、何度も再テストを繰り返さなければならないことです。子どもは、一度間違えたところを繰り返し間違えてしまうことが多いからです。

そこで、何のために再テストを行うのかについて再考してみることにしました。端的に言えば、「何が間違っているのかがわかり、次からは正しく書けるようになるため」であるはずです。そこで、考案したのが「漢字テスト再確認シート」です。これは、どんな問題でどんな誤答をしてしまったのかを記入する、いわば自分の間違い分析シートです。

このシートには、「同じ読み方で違う漢字を書いてしまった」「送り仮名を勘違いしていた」など、間違えた理由を端的に記述します。そのうえで、間違った問題だけ3回練習したら提出し、私からOKをもらえば終了です。

OKをもらえない場合もあります。それは、分析せずに間違えたまま練習している、間違い分析が妥当でない（理由が具体的ではない）場合です。このような約束ごとにしておくと、自分の誤答と模範解答を見比べ、何が間違っているのかを深く考えるようになります。

**言語化の適度な負荷がカギ！** 自分の誤答を分析し、言語化するという試みは、子どもにとって難易度の高いことです。しかし、いくら再テストを繰り返しても、「自分がなぜ間違えたのか」を理解できなければ、本当の意味でできるようにはなりません。この演習方法に慣れてくると、子どもは自分自身の誤答パターンに気づけるようになります。また、負荷はかけますが、何度やらされるかわからない再テストよりも、終わりがしっかり見えている分、子どももふてくされずに最後までやりきることができます。　　　　　　　　（松）

単元名「○○○○○○○○○○○○○○○○○○○○○○○○○○」

| 学習問題 | |

| **2** まとめ | 月 日 | **3** まとめ | 月 日 | **4** まとめ | 月 日 | **5** まとめ | 月 日 |
|---|---|---|---|---|---|---|---|
| | | | | | | | |

| **6** まとめ | 月 日 | **7** まとめ | 月 日 | **8** まとめ | 月 日 | **9** まとめ | 月 日 |
|---|---|---|---|---|---|---|---|
| | | | | | | | |

**学習問題に対する考え**

□学習問題（課題）に対する考えになっている　□文章を読み直し、誤字脱字などをチェック

※第1時は学習問題づくりなので、「まとめ」は「2」からはじめる

場面 社会

**POINT**
👉 「問題解決学習とは何か？」

あやふやなイメージで学習に取り組んでいる

子どもは多いはず。

それでは、形ばかりの学習になってしまう。

問題解決学習の**構造**や**意味**を

子どもと教師が**共有**することで、

おのずと学習は**充実**する！

# ❗ 子ども自身が「問題解決学習」を意識できる！

　社会は問題解決学習を大切にしている教科です。教科書でも問題解決学習の過程が明記され、その学習方法に紙面が割かれています。私もそれらを活用しながら、学年はじめのオリエンテーションや、関連する用語を授業で扱うなどして、問題解決学習の大切さを子どもたちに伝えていました。

　そんなある日、同僚から「子どもたちは本当に問題解決学習が何かを理解しているのかな」という声が上がったので、子どもたちに尋ねてみることにしました。すると、子どもたちの返答はいずれもあやふやなものでした。それをふまえ、問題解決学習の構造や意味を実感できるような指導が必要ではないかと考え、作成したのが「学習問題シート」です。

　「単元を貫く大きな問いである学習問題」「『調べる』過程のまとめ」「学習問題に対する考え」の関係性や整合性を、子どもたち自身が意識できるようにするためのものです。学習問題をつくり、予想し、学習計画を立てた段階でこのシートを配ってノートに貼るようにします。

　「調べる」時間の終末５分では、めあてに対するまとめを「まとめ」欄に書くことで、その日のノートや板書などを見ながら、学んだことを子ども自身が再構成することができます。学んだことを整理する、自分でまとめ直すという活動は、学習内容の定着にもつながります。

　単元の終末では、「調べる」段階で書きためた「まとめ」を振り返ることで、「学習問題に対する自分の考え」を書きやすくなります。「毎回のまとめ」を生かせるので、学習問題シートに対して多くの子どもから肯定的な声が上がります。

## 「まとめ」の評価と指導

　「まとめ」を書く際は、本時の「めあて」に対応させて書くように指導します。教師側も評価しやすくなるので、指導と評価の一体化につなげやすくなります。「古墳が作られた方法や目的がわかる」という授業であれば、古墳が多くの人が動員されて作られたこと、そのためには権力が必要であったことなどが重要な要素です。折に触れて、子どもにもこのようなことを伝えるとよいでしょう。

（三）

# 「見方・考え方」掲示

社会の見方

**時間**に注目！（過去・現在・未来）
いつからどのような理由で始まったのだろうか、
どのように変わってきたのだろうか。

**空間**に注目！（土地の様子・自然条件・交通の様子）
なぜこの場所で行われたのだろうか。

**できごとや人々の関係**に注目！
　　　　　　　　　　（工夫・努力・知恵など）
どのような工夫や努力があるのだろうか？
どのようなつながりがあるのだろうか？

時間的な見方

人口は年々ふえているのに、
水の使用量はさほど変わらない

空間的
地理的な見方

東京都の土地は、
西が高く、東が低い

水源林は、
東京都の西、奥多摩町の方に
ある

（人やできごとなどの）
関係的な見方

浄水場で働く人々は、
24時間365日、機械を
チェックしている

**場面** 社会

POINT 👉 授業に**広がり**と**深まり**を与える**道具**。

それが「見方・考え方」。

しかし、ひとたび使い方を間違えれば、

子どもの思考は画一化する。

どれだけ**多様な視点**と**思考**を

教師が**引き出せるか**が**カギ**。

本気で「見方・考え方」を働かせた

**子どもの発想**は、教師の想定を**超える**！

# ❗「見方・考え方」は子どもが学びを深める道具

2020年度より全面実施された学習指導要領では、「資質・能力」「カリマネ」など、さまざまな新しいキーワードが盛り込まれました。その一つが「見方・考え方」です。道徳を除くすべての教科目標に盛り込まれていますが、社会であれば「『位置や空間的な広がり』『時期や時間の経過』『事象や人々の相互関係』などに着目して（視点）、社会的事象を捉え、比較・分類したり総合したり、地域の人々や国民の生活と関連付けたりする」と位置づけられています。

また、「見方・考え方」は、「子どもが働かせる」ものとして位置づけられており、「資質・能力」のように評価対象ではありません。ここがむずかしいところで、授業をよりよいものにするために、「子どもが見方・考え方を働かせられる」ように、教師が導く必要があるのですが、「ここを見なさい」「こう考えなさい」と教えるものではないということです（このような指導をすれば子どもの思考は画一化します）。そこで、考案したのがこのアイテムです。「問い」について考える際の（とりわけ）「視点」（見方）を示したもので、教室の目立つところに掲示しています。

「見方・考え方」は思考するための道具ですから、使いこなすことができれば、既習と結びつけながら知識の概念化を図っていくことができます。「前の学習で、涼しい気候を生かした農業があったから、庄内平野でも気候を生かした米づくりをしているのではないか」といったうれしい発言が生まれるということです。もちろん、このような発言が生まれるには、教師が既習事項を想起させる問いを投げかけることが大切です。

**ダイバーシティを保障する** このアイテムは、定型のように使ってしまうと、かえって多様な視点が生まれにくくなり、子どもの思考が画一化します。子どもの想定外の発言によって話し合いが活性化する、学びが深まるということは、社会に限らずどの教科等の学習でも起こり得ることです。そこで、「その考えはおもしろいな」など、授業で生まれる子どもたちの多様な視点、豊かな思考を、そのつど価値づけることが大切です。

（三）

# アイテム 30 資料読み取り名人

① **タイトル**
何を表しているか？

② **調査年・出典**
いつ？ だれが？

③ **縦軸と横軸**
単位は？ 何年ごと？

④ **変化の仕方**
最初に全体を**鳥の目**で、
次に部分を**虫の目**で、
**わかることを考える。**

⑤ **変化の理由**
なぜ変化したのかを
**魚の目で推測する。**

場面 社会、算数、理科

**POINT** 👉 資料の読み取りは、

子どもには難易度の高い学習。

資料の「**何に**」着目し、

「**どのように**」見れば

読み取ったことになるのか？

子どもにもわかりやすい**道しるべ**があれば、

**深い理解**に一歩ずつ近づける！

## 統計資料の読み取り方をみんなで共有する！

統計資料の読み取りをはじめとして、資料から何をどのように読み取ればよいかについては、（社会、算数、理科等）さまざまな場面で指導していると思います。このとき、私のクラスで活用しているのが「資料読み取り名人」です。このアイテムを活用すると、資料を読み取る「視点」を共有でき、読み取りが苦手な子どももとっつきやすくなるし、その後の話し合い活動も活性化しやすくなります。

具体的には、「チャンス問題だよ。タイトルは何？」と発問します（①に対する問い）。教科書や資料集（副教材）に書いてある「資料名」を答えるだけですから、多くの子どもたちが挙手することができます。②「調査年・出典」と③「縦軸と横軸」については、情報の信用性を確認するとともに、未習のグラフであれば、読み取り方を丁寧に指導します。社会であれば、④「変化の仕方」を「鳥の目」で見ることで、以下のようにみんなでワイワイ話し合いながら考えていくことができ、学習内容の理解が進みます。

「近年は交通事故の件数が減っているんだね」

「石油や鉄鉱石は海外からの輸入が多いね」

「江戸時代にはキリスト教信者の数がかなり増えているんだね」

また、特定の時期に着目させたい場合には、「○○年と△△年の変化について『虫の目』（④）で話し合おう」などと指示します。⑤「変化の理由」を推測するについては、社会であれば学習問題をつくっていくときなど、疑問や予想を出し合う場面で「魚の目」を使うと有効です。

### 常時見られるようにする

このアイテムは、小さめに印刷したものを子どもにも配布します。ノートの1番最初のページに貼っておくようにさせ、必要に応じて子どもたちが確認できるようにします。また、Ａ３判に拡大印刷して教室にも掲示しておきます。子どもの目に入る場所に掲示しておけば、いつでもすぐに確認できるようになるので、的確な資料の読み取りの仕方が身についていきます。私が発問すると、ノートの最初のページを確認したり、教室掲示を見上げたりする姿が見られます。

（三）

**場面** 社会、総合

POINT 長い月日をかけて生み出された

人々の**工夫**や社会の**仕組み**。

その理解に近づくために

**思考ツール**を駆使して**再現**する。

それが、スケールチャート型板書。

社会的事象同士の**つながり**がわかれば、

授業のねらいが**実現**する！

# ⚠ 授業のねらいを実現する教師の思考ツール

　社会では、たとえば工業製品の品質を高める努力であったり、生産性を向上させるために輸送方法や販売方法を工夫する人々の営みや社会の仕組みについて学んだりする単元がたくさんあります。こうした単元では多くの時間数を配当して授業を進めていきます。

　５年生の「米づくりの盛んな地域」の学習であれば、「米がどのように生産されているのか」についてはもちろん、「どのように消費者に届けられるのか」輸送方法や販売方法にまで目を向けて単元を展開します。

　このとき、私がよく活用するのが、「スケールチャート型板書」です。まず左側に「おいしいお米が東北地方を中心に作られている」という「事実」を整理して板書し、右に向かって黒板を横断する矢印（白色の矢印）を引きます（マスキングテープの使用も効果的）。一番右側には「私たちの手元に届く」という「事実」を板書します。この間に何があるのかを、子どもたちとの話し合い活動を通じて、一つ一つ埋めていきます（そのような意味で、ブラックボックス型の板書とも言えます）。

　実際の授業では「機械を使用して効率よく生産する仕組みがあるのでは？」といった「生産」に関する予想、「生産した後はどうなると思う？」という発問に対する「トラックで米を届けると思う」といった「輸送」に関する予想を板書していきます（黄色の囲み）。

　このような工夫一つで、授業のねらいに沿って子どもが考えてくれるようになるとともに、黒板自体が謎を解き明かす道具であるかのように見せることができます。

**授業のアイデア例**　　思考ツールは、子ども自身が操作することで自分の思考を促し、学習活動を充実させるだけでなく、学習に広がりや深まりが生まれますが、教師が操作する道具としても効果的な使い方ができます。実を言うと、「スケールチャート型板書」は、社会だけでなく、総合の授業でも使い勝手のよい板書の型です。「学習の計画を立てる」「発表会までにやることと順序を決める」といった、活動の順序性を検討する際に最適です。　　　　　　（三）

# 体育めあて＆見通しボード

| 表面「めあて」 | 裏面「見通し」 |
|---|---|

めあて（ / ）
試しのゲームをして
① 6の2ルールを理解する。
② 自分のチームの
　　特徴をつかむ。

① パス＆ゴー 1分間チャレンジ
② シュート練習
③ 試しのゲーム　/ A×B. C×D
　（7分くらい？）　 E×F. A×C
　　　　　　　　 3 B×E. D×F

場面 体育

POINT 👉 教室外での授業でも、

## 示し方次第で、「めあて」「見通し」は

子どもに**届く**。

板目紙の両面に**手書き**で書いて、

## 掲げるだけ！

目で見てわかると、**理解が深まる**。

貼り重ねれば、**振り返りにも使える！**

## ！ 板目紙とコピー用紙で簡単作成！

　国語や算数の授業であれば、黒板にめあてを板書しますから、どの子もいつでも確認することができるので、めあてに対する意識の高まりも期待できます。これは、1時間の見通し（進め方）についても同様です。

　他方、校庭や体育館などで行う体育の授業であれば、黒板がありませんから板書のしようがありません。体育用に可動式のホワイトボードを設けている学校もありますが、出してくるのも片づけるのも時間がかかってしまい、効率的とはいえません。そこで、以前は口頭で子どもに伝えるだけだったのですが、やはり口頭では子どもの記憶に残りません。

　こんなことがあってつくったのが体育用の「めあて＆見通しボード」です。Ａ３判の板目紙の両面に、Ｂ４判のコピー用紙を貼って、表面に「めあて」、裏面に「見通し」を書いたものです。板目紙1枚なら、準備にも片づけにも時間を使わずに済むし、表裏でコピー用紙の色を変えると、わかりやすさもアップします。

　また、1回使って終わりではなく、前時に使った「めあて」「見通し」の上に新しいコピー用紙を貼り重ね、本時の「めあて」「見通し」を書きます。そうすることで、前時の振り返りを行うこともできるようになります。前に示したポイントをもう一度確認したいときもありますよね。

　以前は、ワープロソフトを使っていたのですが、いまは手書きです。そのほうが早いからです。アイテムづくりにおいては、綺麗さよりも手早くさっと行えるようにすることがコツです。それに手書きのほうが、どうも子どもたちの記憶に残りやすいようにも感じています。

### 秘策！めあての一部を空欄にする

　めあての一部を空欄にすることで、子どもの注意を引きつける方法もあります。空欄にするのは、めあてにおいて一番の肝となる言葉です。高学年の走り高跳びであれば、「踏み切り足がバーと（　　）になるようにして跳ぶ」と示します。すると、子どもの思考は自然と動き出します。「カーブしながら進入する」ことは既習なので、「同じ向きってこと？」「それって平行だよ」と声があがるでしょう。

（松）

# アイテム 33　道徳横書き 3 分割板書

第1区画　　第2区画　　　　第3区画

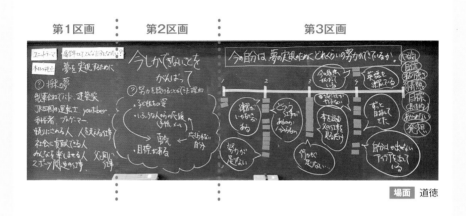

**場面** 道徳

---

**POINT** 👉 道徳科の授業は、発想次第、板書次第。

**横書き**にして**3 分割**にすれば、

「方向づけ」「教材の発問」「主発問」と

やるべきことが**明確**になる！

思考ツール＋各種アイテムを駆使すれば、

子どもの**建前**と**本音**が入り乱れる、

子どもにとっても、教師にとっても

**おもしろい授業**になる！

## ⚠ 板書を変えると、道徳の授業が変わる！

　道徳の板書というと、ほとんどの授業では縦書きで行われていると思いますが、発想を変えて横書きにしてみると、思わぬ効果を実感することができます。まず、縦書きでありがちな子どもの意見の羅列を避けやすいことが挙げられます。また、「思考ツール」を使いやすい点も、大きな特徴です。特に、「考え、議論する道徳」授業を実現するに当たっては、横書きのほうが合っているのではないかと思います。私の考える板書は、横書き3分割です（正確には、左側1/4、真ん中1/4、右側1/2くらい）。

　**第1区画**には、ユニットテーマと本時の視点、1時間の学習を方向づけるための発問、それに対する子どもの意見を書きます。

　**第2区画**には、教材名と教材についての発問、それに対する子どもの意見を書きます。教材は、「本時で扱う内容項目をより効果的に考えるため」にあるととらえ、その役割を果たしたら教材にかかわる話し合いは終わりにします。したがって、教材についての発問は1つです。

　**第3区画**には、主発問とそれに対する子どもの意見を書きます。この区画では、思考ツールやマスキングテープを活用したり、ネームマグネットを貼って立ち位置を明らかにしたり、自分の意見を書いた付せんを出し合って分類・関連づけを行います。「わかっちゃいるけどできない」「自分にこれさえあればもっとできるはず」こんなふうに、子どもの建前と本音が入り乱れる状況を生み出すダイナミックな板書になります。

### 工夫のしどころを明確にする！

　板書を横書き3分割にすると決めた時点で、道徳の板書の枠組みがある程度決まるので、授業準備で考えないといけないことが減ります。さらに、工夫のしどころが明確になり、そこに力を注ぐことができます。道徳の授業でもっとも大切にすべきは主発問です。子どもが考えたくなる主発問がひらめき、さらに主発問に対する考えを深められる思考ツールを選ぶことができれば、授業は劇的に変わります。「道徳の授業は高学年になるほどむずかしくなる」などと耳にしますが、その原因の多くは固定観念にある気がします。ぜひ3分割板書（枠組み）を試してみてください。　　（松）

# アイテム 34 道徳授業のユニット化

場面 道徳

**POINT**

考えたくなる。

議論したくなる。

そんな道徳授業は、何によってもたらされるのか。

そのカギを握るのが

「ユニット」「問い」「思考ツール」。

子どもが**夢中**になる、**楽しみ**になる授業なら、

評価の悩みも**解消**する。

**評価の仕方や所見の書き方よりも大切なことがある！**

　道徳の時間が「特別の教科」になったことで、評価の仕方などが話題になりましたが、本当に大切にすべきはほかにあります。それは、「考え、議論する道徳」への転換です。そんな授業を実現するにはどうすればよいか、試行錯誤の最中に出会ったのが、永田繁雄先生や田沼茂紀先生の考え方でした。そこで、お二人の考え方を参考にしながら、以下に取り組んでみたところ、思った以上の効果が見られました。

①**1時間完結型からユニット型（小単元化）へ**：学習指導要領の内容項目を踏まえ、教科書の教材を学期ごとに分類し（2〜3つ程度のユニット）、ユニットごとに通底する「テーマ」を設定します。そのテーマのもと、1時間ごとの主題について考える構成にします。

②**「問い」の設定**：これまでの授業は、教材のいくつかの箇所で立ち止まっては、「どんな気持ちだったか？」と問うていたと思いますが、これでは、子どもはなかなか考え、議論したくなりません。迷う、悩む、判断に苦しむ場面があってはじめて、子どもは思考しはじめ、友達の考えが聞きたくなります。そのために、用意するのが「問い」です。

③**思考ツールの活用**：「問い」とセットとなるのが、考えを広げ深めるための思考ツールです。自分の考えを可視化し、クラス全体で議論するために役立てます。ベン図、座標軸、イメージマップ、クラゲチャートなど、実際に活用してみて、どの思考ツールも有効であることがわかりました。

**道徳のタブーを打ち破る！**　　道徳の時間の頃の授業では、「〜ねばならない」「〜してはいけない」などのタブーがありました。道徳が創設された昭和33年当時であれば、必要なことだったのかもしれません。しかし、現在では「何のために」が抜け落ちて形式だけが残っているように思います。

　板書などもそう。縦書きが多いと思いますが、横書きのほうが有効だと思います。思考ツールなども活用すれば、羅列的になりがちな板書も、ダイナミックさが生まれます。「教科書は縦書きなのに、板書やワークシートが横書きだったら、子どもが混乱する」という心配は、いまの子どもには杞憂だと思います。　（松）

# 総合オリエンテーション

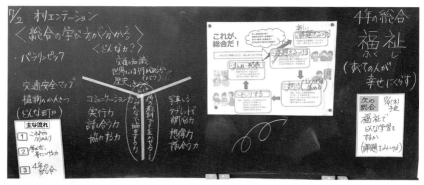

**場面** 総合

---

**POINT** 👉 教科書がない授業の**自由度**は、

教師や子どもを戸惑わせる**不自由**にもなる。

どのように授業をすればよいか、

どのように授業を受ければよいか、

**学びの指針**があれば、

どの教師も、子どもも

**自信**をもって総合に挑んでいける！

## ! 総合の「学び方」を学ぶ！

　総合的な学習の時間には教科書がないので、教師の発想次第で自由な授業をつくることができる反面、「どうやってつくればいいの？」と悩む先生方、「どのように授業を受ければいいの？」と戸惑う子どもたちは少なくありません。

　そこで、総合的な学習の時間をはじめるにあたり、オリエンテーションを実施し、子どもたちと総合的な学習の時間の「学び方」を共有するようにしています。

### 1　これまでの総合的な学習の時間を振り返り、どんな学習をしてきたか話し合うとともに、身につけた力を考える

　[子どもの発言例] 地域の安全マップをつくる学習をした。班の友達と友達と協力して活動して、話し合う力や協力する力が身についたと思う。

### 2　探究的な学習のプロセスをワークシートで確認し、学び方を理解する

　[子どもの発言例] 総合は一つの課題で終わらないで、次々と続いていくんだね。

　このように、「総合的な学習の時間を通して、何を身につけたか」「どのように学んできたか（学ぶのか）」を明らかにすることで、総合的な授業の時間に対する子どもたちの考えをさらにアップデートすることができます。

　また、探究的な学習のプロセスは、そのまま教室掲示をすれば、いつでも立ち返ることのできる学び方の指針となります。左の板書のように、「思考ツール」も有効活用すれば、授業のさらなる充実につながるでしょう。

**総合の「完全攻略本」を活用する！**　このアイテムは「総合的な学習の時間完全攻略本」（大田区立松仙小学校 Web サイトで無料公開）を参考にしています。これは毎年改訂していて、年度末に研究推進部が作成した資料を学年部、専科部に回覧し、修正点などを吸い上げます。これまで、子どもの発達段階への考慮、掲載する事例の変更、思考ツールの紹介の追加といったさまざまな修正が加えられてきました。2020 年 7 月現在で第 5 版です。思考ツールも満載です！ぜひご活用ください。

（三）

# アイテム 36 「問い」のある学校行事

## 探究的な社会科見学

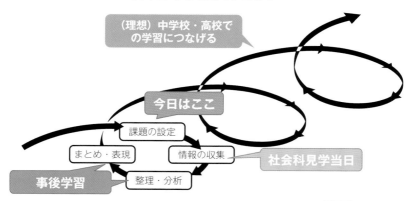

（理想）中学校・高校での学習につなげる

今日はここ

課題の設定

まとめ・表現　　情報の収集

整理・分析

事後学習

社会科見学当日

場面　社会科見学

**POINT** 👉 社会科見学は遠足？

そんな疑問をもつ子どもにも深い学びが生まれる

「探究的な社会科見学」を提案したい。

みんなで調べ、話し合って

学びがいのある「問い」を

立てられれば、

学ぶ目的と意義が明確な見学になる！

# ! 社会科見学で探究学習にチャレンジ！

「社会科見学って遠足と何が違うの？」こんな疑問をもっている子どもは割といます。正直なところ、小学生時代を思い返すと、自分自身も似たようなものでした。

遠足は自然や文化などに親しんだり、よりよい人間関係を築いたりすることなどを目標とする学校行事です。これに対して、社会科見学は、「社会の授業の学びを深める」ことなどを目的として行うものです。同じ学校行事ですが、目的が異なるわけです。

しかし、この目的の違いをただ言葉にして子どもに話しても、その意図は伝わらないでしょう。そこで考えたのが、「問い」のある探究型社会科見学です。「問い」を設定し（課題の設定）、情報を集め（情報の収集）、情報を整理・分析（整理・分析）し、まとめ（まとめ・表現）、新たな問いを見つける（課題の設定）という、（「学習指導要領解説　総合的な学習の時間編」に掲載している）課題探究の螺旋図を適用してみたわけです。

以前、班行動で博物館を見学することになったときは、事前に博物館のホームページを閲覧して展示内容を確認しました。この事前の調べを通して、子どもたちが抱いた疑問をもちよって話し合い、班ごとに見学する際の「問い」を立てました。たとえば、「文明開化があり、江戸はどのように変わったのだろう」といった問いです。見学当日は、自分たちが立てた問いの答えを探して見学を行い、見学後には「問い」に対する考えをまとめました。

**疑問詞にこだわる**　班ごとに「問い」を立てる際には「疑問詞にこだわろう」と指導をしています。「どのように」「なぜ」に正対した探究する事柄に具体性があり、一問一答で終わらず、調べがいがある問いになるようにするわけです。併せて「上手に調べられない場合もあること」も指導します。「探究的な学習」においては、突き止めたいことを調べきれない、すんなりとはわからないことが多いものです。このとき、なぜ調べられなかったのかについて考えさせることも「探究的な学習」を進めるうえで大切な学習だと思います。（三）

## 「十二歳の今」を卒業文集に表現しよう！

### 一、卒業文集って、そもそも何？

「小学校の卒業時に書く」という意義があり、生涯の記念になるとても大切な作文です。卒業という節目に「ありのままの自分を残す」という気持ちをもって、今、自分が感じていることや考えていること、一生懸命に取り組んでいること、夢や願いなどを文章に書き残そう。一字一字丁寧に、六年間のすべての学習で得たことを生かして、書き上げよう。

### 二、どんなテーマで書けばいいの？

[テーマ①] 今の自分
・今、自分が夢中になっていること
・今、自分が深く考えていること

[テーマ②] 自分の成長に気づく
・自分を成長させたあの出来事、行事（運動会・移動教室・音楽会・スポーツの試合など）
・自分を成長させた（変えた）あの言葉、あの体験（先生や友達、親から言われた言葉）

[テーマ③] 身近なものに目を向ける
・私の宝物（人・もの・動物）
・私の友達・家族

[テーマ④] これから生きる自分の姿を想像して
・未来の私（中学生になったら…など）
・将来の夢（職業・学びたいことなど）

[テーマ⑤] 社会について考える
・これからの社会がどんな社会であってほしいか。
・どんな社会に自分がしたいか。

（以下、「タイトル例」「表現の工夫例」などが続く）

**場面** 6年2学期末

POINT 👉 作文が得意な子も、そうでない子も、

**達成感**が生まれる卒業文集にしたい！

そのために重要なことは、

**書き方**を知り、6年間を振り返って、

自分の**テーマ**を見つらけれるようにすること。

「卒業文集書き方マニュアル」を活用すれば、

**効率的**で**充実**した指導を行えるばかりか、

教師の**負担**も軽くなる！

# ！ 「卒業文集書き方マニュアル」をつくろう！

　卒業文集は、子どもにとって生涯残る大切なもの。その指導は、6年生を受けもつ教師にとって非常に重要な仕事です。どの先生方も、子どもたちが華々しく巣立っていくにふさわしい卒業文集にしたいと考えていると思います。いかにして子どもたち一人一人の作文を充実させるか…。その一環としてつくったのが「卒業文集書き方マニュアル」です。左のアイテムの「テーマ例」に加えて、過去の卒業生が考えた「タイトル例」、文章の体裁に関する「ルール」、文集で使える「表現の工夫例」をまとめて配布しています。

　「テーマ例」は、①～⑤のなかから選んで書いてもよいし、自分が書きたいテーマが見当たらなければ、その子のテーマを優先するというルールです。子どもたちは、このマニュアルをよく見ているようで、「③と④で悩んでいるのですが、どうしたほうがよいと思いますか？」と相談をもちかけられることもあり、そのつどマニュアルを使いながら指導することができます。また、作文が苦手で書きはじめられない子どもには「このテーマ例のなかだったら、どれが書けそう？」と言葉かけもできるので、私も子どもも重宝しています。

　作文を書いたら「気をつけること6カ条」（①題名・氏名の位置を確認、②段落の確認、③改行（会話文は段落を変える）の確認、④文末の確認、⑤既習漢字の使用、⑥丁寧な字で書く）に基づいて、子ども自身がチェックして提出をするルールを設けたことで、私が行う添削がずいぶん楽になり、内容指導のほうに力を注ぐことができるようになりました。おかげで、どの子どももみな、自分の個性に満ちた作文に仕上げてくれています。

## 「下書き」ポートフォリオ

　子どもたちが書いた下書き原稿は、私のほうで捨てずに、新しいものから順にすべてホチキス留めをしておきます。その後、清書が完了したら、まとめて返却します。自分の文章がどんなふうにアップデートしたのかが時系列にわかる、子どもにとっての作文ポートフォリオです。返却すると、「どんどんよくなってる」といった声があがります。達成感に満ちた彼らの顔を見るのが、6年生を担任したときの私の楽しみです。　　　　（三）

# 学びのトリセツ

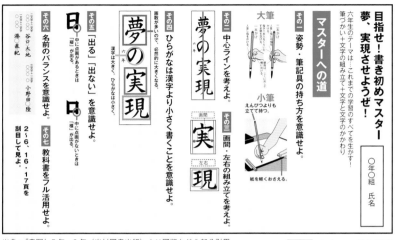

出典：『書写』5年、6年（光村図書出版）より図版などを部分引用
大田区教育研究会小学校国語部「書き初め展選考基準」

**場面** 家庭での補充学習

**POINT**

「知識・技能」は、

**正しい所作**のもとでのトレーニングの

**積み重ね**があってはじめて定着する。

「学びのトリセツ」は、いつでも正しい所作に

立ち返られる**道しるべ**。

学校で学んだことを**家庭へ**、

家庭で学んだことを**学校へ**、

この**連鎖**を生み出すことが、学力向上の秘訣！

# ⚠ いつでも学習のポイントに戻れるアイテム！

　私が子どもの頃に、当時の先生が熱を入れてつくってくれたプリントがとても印象に残っています。こんな記憶も手伝って、学習効果もさることながら、心に響き、学習することが少しでも楽しくなってほしい、そんな願いを込めて「学びのトリセツ」をつくっています。

　冬休みの宿題の定番に書き初めがあります。書き初めは、12月に練習をスタートし、冬休みの宿題を経て、1月初旬に席書会をすることも多いと思います。ただ、冬休みに入ると、授業で学んだポイントを忘れてしまい、上手くなるどころか、かえって下手になってしまう子どももいます。そこで、配布している「学びのトリセツ」の一つが「書き初めマスター」です。

　書写の教科書をスキャンしたり、市区町村の国語部がつくってくれた手本を活用したりして作成します。子どもはこのアイテムを活用しながら家庭でチャレンジします。いつでもポイントに立ち返ることができるので、子どもからも好評です。枚数を重ねるごとに自分が上手くなるのを実感できるのですから。もちろん、みんながみんな、というわけにはいきませんが、メキメキ上達する子どもが毎年現れます。

　このトリセツは、他教科等でも活用することができます。たとえば、子どもがつまずきやすい5年生の算数の人口密度。概念理解もむずかしいし、計算も複雑です。そのため、なかなか正答できず、苦手意識をもってしまう子どもも少なくありません。そこで、学習の考え方を整理し、授業の流れに沿ったトリセツをつくります。配布する際には「うちに帰ったら、このトリセツのとおりにやってみよう」と伝えます。

## アイテム・ブラッシュアップ！

　授業・学級づくりに使えるアイテムのデータを、共有サーバーや校務支援システムの掲示板にアップしておき、他の先生方とデータ共有できるようにすれば、活用の幅が広がります。先生方のほうでもアレンジしてくれるので、さまざまなバージョンが生まれます。また、プリントアウトしたものも配布しています。こうしたアイテムをきっかけに、授業について語り合う機会が生まれるなど、同僚性にも寄与します。　　　（三）

# 区教研レポート

## TRY

○年○月　○号

**区教研の授業より**（5年生社会科の実践「自然災害を防ぐ」）

　区教研社会科部の授業は、5年生の「自然災害を防ぐ」という単元の授業でした。授業やその後の講師の先生の話から学んだこと、これからに生かしたいなと思うことを考えてみました。時間があるときにでも読んでいただければと思います。

**★資料・教材準備の丁寧さ・実感の湧く資料・教材**

　今回の授業の教材の準備は本当に丁寧に行われていました。授業者の先生が選んだ「大田区の災害への取組」は、①防災用品の備蓄、②避難所（学校防災拠点）、③防災行政無線、④命を守る三点セット（大田区が配布しているパンフレット※）でした。

　これら①〜④の写真に留まらず、子供たちに何を読み取らせたいのかを考え、資料を加工していました。身近な取組だと理解させるために、近隣の防災行政無線のアンテナを撮影したり、○○○小学校での避難所の訓練を撮影したり、「命を守る三点セット」の要点をまとめた文章を作成したり…といった具合です。何を読み取らせたいのかはっきりさせて資料を提示するということは、毎回の授業で心掛けなくては…と思いました。

**★授業を構造的に見るということ**

　今回の講師は帝京大学教職大学院の向山行雄先生でした。授業者自評や協議会の最中に、ホワイトボードに「授業の構造」を板書されていました。この板書と緻密な授業記録（子供の実名を挙げて発言を追っていました）を基に、授業の指導をしてくださいました。

　「この導入の資料が簡潔で分かりやすい」「ここの部分を○分削って、終末でプラス○分すると、こういう展開ができる」「ここで○○くんが〜〜〜と言ったよね」など、具体的な事実に即して、良い点や改善点を述べていくということがとても勉強になりました。

　校内研究でも、授業がどうだったかもう少し見えるようにすると、協議会もより一層活発になるのかな…と話を聞いていて思いました。頑張っていきたいと思います。

\*先生方いつもエッセイの執筆ありがとうございます。また、研究紀要のエッセイの執筆もありがとうございました。

**場面** 教育研究会

**POINT** 👉

専門教科ごとに学び合う

自治体主催の研究会の

**コストパフォーマンス**は高い！

学んだことを自校に**還元**できれば、

**同僚性**が高まる！

授業を**見合う**文化だって生み出せる！

この**連鎖**が、自分の**授業力**も引き上げる！

## ! 教育研究会の学びを自校に還元する！

　東京都では、区や市の教師が自分の専門教科ごとに集まって研修を行う「教育研究会」があります。これを略して「区教研」と呼んでいます。おおむね年間６回程度、水曜日の午後に各教科等部会の研究主題にかかわる講演や授業研究を行います。

　この研修は、(下記の理由により) 私にとって非常に "コストパフォーマンス" が高い取組です。

○勤務時間内に行われる授業研究であること。

○区内で行われるので、割と勤務先の近場で行われる研修であること。

○校内研とは異なり、自分が専門とする教科の教師仲間で学び合うことができること。

○著名な講師の先生の話を直接聞けること。

　この研修に参加する際には、いつも以上に「授業記録を取ること」「講師の先生の話を記録すること」に注力します。というのは、記録した内容は、「研究推進裏だより」(研究副主任時代に発行) で紹介するようにしていたからです。ですから、授業にせよ講師の話にせよ、自分の気になる視点だけでなく、同僚の先生の顔や個性・課題を思い浮かべながら、必要だと思うことを記録していました。「研究推進裏だより」だけでなく、自校に持ち帰って自分が学んだことを還元するためです。

　研修で学んだことが、自分にとってはもとより、同僚の先生方にとっても意味があるものにしていけるかを考え、実行に移すことは、結局は自分の身の肥やしになると思います。

### 同僚性を高めるその先に…

　当時「楽しく磨き合うプロ集団を目指し、同僚性を向上させよう」が、学校のグランドデザインでした。そのために研究推進部が推進役となって、日常的に授業を見合い、授業について語り合う雰囲気を醸成しようと取り組んでいました。自分の授業を他の先生に見られること、他の先生の授業を見に行くことはハードルの高い試みです。しかし、このハードルを越えられれば、教師同士のすばらしい学び合いが生まれます。　　　(三)

## アイテム 40 色分け分類グッズ

**場面** 体育、総合、道徳

**POINT**

集めて、チェックし、返す**手間暇**は、

**色分け分類**で一挙に**解消**！

**丸型カラーシール**を貼るだけで、

すぐに分けられ、**チェックも速い**。

色を合わせた**百均ボックス**に入れておけば、

子どもも**スピーディー**に見つけられる。

# !  色分け分類で学習活動にスピード感が生まれる！

体育の振り返りカードや総合的な学習の時間のノートなどは、子どもが書いたものを集め、内容をチェックし、次の授業前に返すというやりとりをしている先生方は多いと思います。一般的な方法だし、実際、私もそうしていたのですが、未提出の確認やいちいち返すのに時間がかかることから非効率さを感じていました。もっと効率のよい方法はないものかと…。

そんなときに思いついたのが、丸型カラーシールと百均ボックスの活用です。たとえば、40人学級の場合、名簿番号順10人ずつの4グループに分けて色を決め、ノートなどの表紙の決まった場所に丸型カラーシールを貼ります。百均ボックスもグループの数だけ用意し、見やすい場所に同じ色の丸型カラーシールを貼ります。

こうすることで、内容をチェックをしたら色別に分けて置くことができます。また、10冊ずつあるかだけを確認すれば、未提出の有無も瞬時にわかります。仮に2冊足りなかった場合に、未提出がどの子なのかも、10人ずつの区切りにしているので、これもすぐにわかります。

さらに、グループごとの10冊を同じ色の百均ボックスに入れておくことで、授業前に子どもが自分でスピーディーにもってくることができます。40冊の中から自分のものを探すとなれば、みんなで「どれだ、どれだ」と一箇所で大渋滞が起きますが、10冊単位なのでそうしたことも回避できるわけです。

続けていると、グループの子どもの一人が10冊まとめてもってきて、グループ内の子どもに配ってくれる姿も見られるようになります。

## 宿題の提出にも使える！

宿題のノートなどに色分けした丸型カラーシールを貼り、提出用ボックスを用意しておけば、上記と同じことができます。子どもと教師とを頻繁に行き来させる場面で使えるということです。

人は、数字を確認するのに比べ、色の峻別は感覚的に素早く行うことができます。低学年では、下校班などをわかりやすくするために色をよく利用していますが、高学年の教室でもとても便利なアイテムとなるのです。　　　（松）

## アイテム 41 忘れもの防止リスト

### ［1学期］持ち帰りリスト

| 鍵盤ハーモニカ | 済 |
| --- | --- |
| 習字セット | 可 |
| 絵の具セット | 8日(月) |
| 裁縫セット | 11日(木) |
| 体育着 | 13日(土) |
| 生活科バッグ | 13日(土) |
| 社会科資料集・地図帳 | 17日(水) |
| 専科バッグ | 17日(水) |
| 机用雑巾 | 18日(木) |
| 外国語の教科書・ファイル | 18日(木) |
| 総合のノート | 18日(木) |
| 給食袋（と白衣） | 18日(木) |
| 道具箱 | 18日(木) |
| 道徳の教科書 | 18日(木) |
| 防災頭巾 | 19日(金) |
| 上履き、手さげなど | 19日(金) |

### ［2学期］持ってくるものリスト

| 防災頭巾 | 8／29（木） |
| --- | --- |
| 道具箱 | 9／2（月） |
| 雑巾2枚 | 〃 |
| 体育着 | 〃 |
| 上履き、手さげなど | 〃 |
| 専科バッグ | 9／3（火） |
| 鍵盤ハーモニカ | 〃 |
| 給食袋（と白衣） | 〃 |
| 裁縫セット | 9／4（水）まで |
| 絵の具セット | 9／5（木）まで |
| 習字セット | 9／6（金）まで |
| | |
| 社会科資料集・地図帳 | 初回の授業 |
| 総合のノート | 初回の授業 |
| | |
| | |

**場面** 学期末・学期始め

**POINT**
 学期末に持ち帰り、学期始めに持ってくる

たくさんの荷物。

**見通し**をもって**行動**するために、

役に立つのが、**リスト掲示**。

**何をいつ**持ち帰るのか、持ってくるのかが

**一目で**わかれば、うっかりがなくなる！

# ！ 掲示しておくだけで、子どもも教師も忘れない！

　学期末に持ち帰るもの、学期始めに持ってくるの指示は、朝の会や帰りの会で連絡する、連絡帳に書くなど、いろいろな方法があります。ただ、私が試した限りでは、忘れものが絶えなかったり、私自身も「しまった！今日持ち帰らせるつもりだったのに…」と慌てたりしたこともありました。そこで、まずは教師である私が忘れずに済む方法、子どもにとってもわかりやすい方法はないものかと試行錯誤をした結果がリスト掲示です。

　学期末に持ち帰るものは、大きくは変わらないので、まず基本となる項目を書き出します。それをたたき台にして学年会などで相談し、加除・修正しつつ、専科の授業や学校行事などを踏まえて持ち帰りはじめる日を決めて記入します。

　完成したリストは、教室のわかりやすい場所に掲示し、帰り支度時に子どもたち同士で声をかけ合うように指示しておくと、持ち帰り忘れが解消します。なお、このリストは終業式後もとっておきます。次の学期で「あれ？何を持って帰らせたんだっけ？」とならないようにするためです。

　この持ち帰りリストがあることで、持ってくるものリストをつくることができます。つくる工程は同じ。学期始めの週の予定などを確認しながら持ってくる日を記入し、教室に掲示しておくだけです。特に重要なものについては、連絡帳にも書いておくとよいでしょう。

　日にちの決定は、天気予報も参考にします。大きな荷物は晴れ予報の日に、小さな荷物であれば雨の日でも OK という案配です。そんなちょっとした気遣いが、子どもや保護者からの信頼を得ることにもつながります。

## リスト下に空欄をつくっておくのがミソ

どれだけ丁寧に計画を立てていても、変更や追加などが出てしまうものです。そこで、リストの下に何列か空欄をつくっておきます。そうすれば、必要に応じて手書きで追記することができます。日にちも変更になったら、赤などのわかりやすい色のマジックで修正しましょう。

（松）

## アイテム 42　2日分の時間割〜背面黒板の活用

場面 学校生活全般

**POINT**
👉 背面黒板には、

**2日分の時間割**を掲示する。

マグネットの**貼り換え**だけで、

今日と明日の**入れ替え完了！**

**テストの予定**を合わせて書けば、

**学びに向かう雰囲気**も生まれる！

# ❗ ２日分を掲示し、無駄を省く！

　背面黒板の活用法としては、次の方法が一般的かと思います。その日の時間割が掲示され、翌日の時間割については朝の会や帰りの会で前の黒板に書いて子どもが連絡帳に写す。日直や当番が、帰りの会のあとに自分の連絡帳を見ながら背面黒板を翌日のものに変える。この方法が悪いわけではないのですが、私は非効率さを感じていました。

　そこで、背面黒板に今日と明日の「２日分の時間割」を掲示してみることにしました。すると、登校してきた子どもは、毎日今日と明日の時間割が一目でわかるようになります。また、(各学校の生活時程にもよりますが)ある年の私のクラスでは、朝の支度を終えた人から朝の会の開始までに連絡帳を書くように伝えていました。「朝の支度＋連絡帳」で10分間です。もし、登校時の天気が悪くて支度に手間取ったり、荷物が多くて片づけに時間がかかったりしていたら、朝の会の開始を５分遅らせます。

　子どもが下校したら、背面黒板の「今日」と「明日」の時間割を入れ替えます。すると、「明日」の時間割が自動で「今日」にズレます。つまり、「明日」の時間割を並べるだけで終わるのでとても楽です。加えて、「明日」の宿題や持ちものも書いておきます。

　これらの作業は、私がすべてやってしまっていますが、背面黒板に２日分の時間割を掲示する当番を設けてもよいでしょう。子どもに任せられることは、できるだけ任せてしまうという考え方です。ほかにも、ムダやムラを解消する手立てはいくつもあるでしょう。大切なことは、「何のために」を考えながら「当たり前を見直してみる」ことに尽きます。

**学びに向かう雰囲気づくり**　「２日分の時間割」には、漢字ドリル音読や漢字10問テスト、各教科等のワークテストなどの予定も掲示しています。休み時間に見直しをする子どもを意図的に価値づければ、クラス全体に広がっていきます。「できるようになることに、こだわりをもてるようにする」ことが、学力向上の秘訣です。そんな雰囲気が広がれば、勉強に前向きになれなかった子どもも、自然と意欲的になります。

(松)

# 1分間ペアトーク

## 日直さんのお仕事

■ 朝の会の司会
　① 朝の挨拶
　② リレー式健康観察
　③ 1分間ペアトーク
　④ みんなからのお知らせ
　⑤ 先生の話

■ 授業の挨拶
　「気を付け！礼！」

■ 帰りの会の司会
　① 放課後遊び・掃除の確認
　② みんなからのお知らせ
　③ 1分間マインドフルネス
　④ 本日の振り返り
　⑤ 帰りの挨拶

## ペアトークのテーマ（例）
☐ 好きな○○
☐ 昨日の晩ごはん、今日の朝ごはん
☐ 昨日の放課後の出来事
☐ 最近、○○だったこと
☐ 楽しみにしていること
☐ 今日の授業でがんばりたいこと
☐ 趣味や特技
☐ 将来の夢
☐ 休日中にしたこと　など

## 本日の振り返りの視点（例）
☐ 楽しかったこと
☐ がんばったこと
☐ 悔しかったこと
☐ 反省し、次に生かしたいこと
☐ 成長したと思うこと
☐ 休み時間の過ごし方
☐ 専科の先生の授業の様子
☐ 月目標の達成度合い
☐ クラス目標の達成度合い　など

場面　朝の会

**POINT** 👉 どんなに**朝**が**苦手**な子どもも、

朝の会で友達と**おしゃべり**すれば、

目が覚めるし、元気も出る。

それが**朝の会**の**1分間ペアトーク**。

**日直**が決めた**テーマ**に沿って、

楽しく**おしゃべり**！

## ❗ テーマに沿って、わいわいとしゃべるだけ！

　ある時期、子どもたちの朝のテンションの低さが気になっていました。特に高学年は、習いごとなどの忙しさからその傾向に拍車がかかります。

　そこで、朝の会ではクラス全員が声を出す機会をなるべく多くつくろうと考えました。具体的には、健康観察はリレー式。日直が名簿番号1番の子どもを呼んだら、1番が2番を呼ぶ、2番が3番を呼ぶ…最後の子どもが担任を呼ぶ、という仕組みです。それに加えて、1分間ペアトークを行っています。

　特に変わった方法ではありません。日直が決めたテーマに沿って、隣の席の友達とトークするだけです。トークと言っても、ただのおしゃべり。テーマに沿って、わいわいとおしゃべりをする時間です。

　私のクラスでも日直はもち回りですが、名簿番号順に日直の仕事を一覧にしたラミネートカードが回ってきたらその日の日直となります。このカードの裏に、テーマ例を載せています。「好きな○○」「楽しみにしていること」「土日にしたこと」「昨日の夕食」など、ありきたりなものばかりですが、毎日盛り上がる取組で、朝のテンションも上がります。

　子どもによっては、（運動会が近づくと）「運動会でがんばりたい種目」、（体育のある日は）「今日の跳び箱で挑戦する技」など、テーマ例にはない、自分なりに工夫したテーマを取り上げてくれます。

　ちなみに、1分間ペアトーク用のタイマーを用意していて、1分固定設定にしているので、日直はテーマを読み上げてスタートボタンを押すだけです。

### 子どもはさくっと帰らせよう！
帰りの会が短いだけで子どもは喜びます。ほとんどの子どもはさっさと帰りたいからです。学校が大好きな子どもも同じです。実際、子どもが早く下校すれば、その分だけ教師も学級事務などを進める時間が増えるのですから、いいこと尽くめです。そこで、私のクラスでは、帰りの会のメニューが少なめです。（何か特別な理由でもない限り）「先生のお話」はしません。

(松)

## アイテム 44 通知表の渡し方

**場面** 学期末

**POINT** 👉

通知表は、子どもにとっての**一大事**。

渡しながら話をしても、子どもは**上の空**。

だったら、**先に見せてしまおう！**

私が感じたことを話すのではなく、

子どもが感じたことを**私が聞く**。

そうすれば、子どもの**ニーズ**に応じた

話ができる！

## ❗ 子どもが感じたことをもとに話をする！

　学期末、子どもたちにとってのメインイベントは通知表です。結果一つで、子どもたちの表情の明暗を分けます。それだけに、どのように渡せばいいか、教師を悩ませるものです。

　私にとっても悩ましく、何かよい方法はないかと考えていましたが、なかなかいい案が浮かびません。結局、1人ずつを呼んで話をしながら渡していましたが、あまりいい方法とは思えませんでした。子どもは通知表の中身が気になって仕方ありませんから、教師の話は上の空で、あまり耳に入らない様子でしたから。そこで、あるときからガラっとやり方を変えることにしました。

①一人ずつ呼ぶことはせずに、まずは一斉に通知表を配布する。
②子どもが自分の通知表をじっくりと見る時間をとる。
③その後、名簿番号順に廊下に1人ずつ呼んで、子どもの話を聞く。

　つまり、私が感じたことを話すのではなく、子どもが感じたことを聞くことにしたわけです。すると、子どもたちからは、いろいろな声があがりました。「国語が上がっていました！」「前とあまり変わらないんですけど、どうしたらいいですか？」「ここってどうして下がっているんですか？」などなど。それに対して、今度は私が話をします。

　子ども自身が感じたことに沿って話をするわけですから（がんばっていた姿や改善点など）、的確に子どものニーズに応えることができます。しかも、短時間で実のある話になります。子ども一人一人と話す機会は貴重ですから、以前よりも有意義な取組になったように思います。

**待ち時間の過ごし方**　自分の番がくるのを待っている子ども、すでに話を終えた子どもの過ごし方を紹介します。読書などの時間にしてもよいのですが、通知表の見せ合いがはじまることもあります。そこで、私が行っているのが暗唱の練習です。国語の教科書の詩や短い古文などを活用します。「通知表の話が全員終わったら、ランダム指名で暗唱やるよ〜！」と言っておけば、「これは大変だ」とばかりに暗唱に取り組んでくれます。　　　　　　（松）

### ソーラン節練習予定　本番30日（土）

| 回数 | 日時・校時 | 実行委員当番 | 内容等 | 備考 |
|---|---|---|---|---|
| 1 | 13(水)⑤ | 3組 | 心構え<br>1番 | 体育着着用<br>帽子不要 |
| 2 | 15(金)⑤ | 2組 | 2番<br>1番復習 | |
| 3 | 18(月)① | 1組 | 3番<br>1，2番復習 | ハッピ作り始<br>大漁旗作り始 |
| 4 | 20(水)⑤ | 3組 | 通し　修正 | ↓ |
| 5 | 21(木)② | 2組 | 隊形について | ハッピ使用始 |
| 6 | 22(金)① | 1組 | 細かいところ<br>修正 | |
| 7 | 25(月)① | | 短距離走（帽子も着用） | ↓ |
| 8 | 27(水)④ | 3組 | 入場練習→通し(1本) | 大漁旗使用始め |
| 9 | 28(木)⑤ | 2組 | 通し（2本） | |
| 10 | 29日(金)<br>8:50〜9:20 | 1組 | リハーサル | |

【約束】☆友達と助け合って練習しよう。　☆無言で整列、集合しよう。
☆爪はきちんと切ろう。　☆声を出すときは、元気な声で出そう。
☆髪が長い人は、邪魔にならないように結ぼう。

場面　学校行事

**POINT**

「今日はどんな練習をするの？」

先の見えない練習では、時間が増すばかり。

前もって、練習の

「**全体像**」「**中身**」「**量**」がわかれば

「**完成**」までの「**見通し**」がもてる。

それが**効率性**と**主体性**をもたらし、

無理なく**意義ある練習**にできる！

# 教師と子どもが「見通し」をもてる計画にする！

　運動会、音楽会、学芸会、周年式典、卒業式など、学校にはさまざまな行事がありますが、本番が近くなると、ただでさえ多い練習時間がより増えていくこともあると思います。しまいには休み時間も練習に次ぐ練習では、本番を迎える前にみんな疲れてしまいます。度が過ぎると、教科等の授業時数に食い込んでしまうなど、他の教育活動に影響を及ぼしかねません。

　そこで、考えたのが「行事の練習計画表」です。学級ごとの計画ではなく、学年全体で共有しているのがミソです。教師も子どもも共有するのはもちろんですが、学年全体としての計画とすることで、無茶な練習に発展してしまうことを抑止できます。

　この計画表は子どもの練習振り返り用紙の裏面に印刷するとともに、拡大印刷して、学年の子どもたちの目に留まりやすい廊下に貼り出します。

　「今日はどこまで進めばよいのか」教師も子どももひと目で進捗状況がわかるし、「ちょっと遅れ気味だな」ということがあれば計画そのものの軌道修正もしやすくなります。「時間がないからキビキビ動こう！」などと声を荒げるより、「今日は前回進まなかったところも練習したいから、駆け足で移動しよう！」と声をかけるほうが気持ちよく練習に取り組むことができます。

　要するに、このアイテムの肝も、教師と子どもが共に「見通し」をもつところにあります。焦らず指導できる分、体育的行事であれば子どものけがの防止にもつながります。若手の先生方の指導指針にもなるのでいいことづくめです。

**教員には毎回略案を配布**　全体指導を担当する教師は、前日までに指導項目やポイントをまとめた指導略案を、学年の教師やかかわる教師に配布します（手書きで走り書き）。練習に取り組む子どもへの声かけや、事後の反省の際の資料にすることが目的です。また、練習時間の調整もしやすくなります。

　このひと手間をかけることによって、子どもへの指導はもちろんのこと、先生方が一丸となって指導にあたろうとする雰囲気も生まれるというオマケつきです。

（三）

# 委員会希望カード

| 希望 | 委員会名 | やってみたい<br>（○をつける） | この委員会に入りたい理由<br>委員会でやってみたいこと |
|---|---|---|---|
| 第1 | | 委員長<br>副委員長<br>書記 | ------------------------------<br>------------------------------ |
| 第2 | | 委員長<br>副委員長<br>書記 | ------------------------------<br>------------------------------ |
| 第3 | | 委員長<br>副委員長<br>書記 | ------------------------------<br>------------------------------ |

**場面** 委員会活動

POINT
👉 子どもたちの**秘めたる思い**を引き出す

「委員会希望カード」。

自分は何をしたいのか、できるのかを

じっくり**考える機会**になるから、

活動への**意欲**が高まり、

**主体性**と**責任感**も培われる！

## ❗ 内に秘めたやる気を引き出す！

　高学年になると委員会活動がありますが、毎年のように悩ましく思うのが人選です。各委員会の担当者を立候補制だけで決めてしまうと、どの委員会もいつもと同じメンバーで固まってしまいかねません。それだけでなく、みんなの前で自分の希望を伝えることが苦手な子どもは、いつまで経っても希望する委員会に入れない怖れもあります。

　そこで、考えたのが「委員会希望カード」です。各委員会の委員を決めるときには、次のように行います。

① 「委員会希望カード」を配布し、希望する委員会名や役職、それらに対する意気込みを書いてもらう。

② クラス内で希望が重なった場合は、当事者同士で相談して決め方を決定する（じゃんけん、くじ引き、意気込みを語ってクラスのメンバーに投票してもらうなど、多様な方法を子どもたち自身が考える）。

　このアイテムの活用は、内に秘めた子どものやる気や思いを引き出すことが目的です。

　そこで、6年生には、書かせる前に「全校のためにどんな思いで取り組むかじっくり考えよう」と話します。最高学年になった直後のやる気にいっそう火がつき、委員会でやってみたいことを具体的に書いてくれます。

　5年生であれば、はじめての委員会活動なので、6年生にヒアリングする機会を設けます。具体的には、体育館に委員会ごとのブースを設置し、6年生が5年生に仕事内容を紹介します。このような丁寧な取組が、どの子どもも意気込みを書けるようになる秘訣です。

### 役職への立候補も後押し！

役職への立候補もカード記入時に促します。希望が重なったら委員長などの役職を希望する子どもを優先したこともあります。責任ある役職へのチャレンジですから、不安を覚える子どももいます。そこで、さまざまな言葉をかけ、背中を押しています。また、残念ながら委員長になれなかったり希望する委員会に入れなかったりした子どもにも、チャレンジしようとした意欲を価値づける言葉かけに努めています。　　　　　（三）

# 宿泊学習お仕事リスト

| 係 名 | 人数 | 係の主な仕事 |
|---|---|---|
| 班長 | 1 | ・部屋のリーダーとして全体をまとめる。<br>・班会議に出席し、反省を皆に伝える。しおりの反省を全員が記入したか確認する。<br>・式や朝会の司会、準備、あいさつ、体操をする。<br>・集合時、人数確認をし、先生に報告をする。 |
| 副班長<br>(食事) | 2 | ・部屋のサブリーダーとして班長の補助をする。<br>・食事の盛り付け、食事の配膳、片付け、食事のあいさつをする。<br>・食堂のテーブル、床の清掃をする。<br>・毎回の食事の際、マスク・水筒を持ってくるよう、皆に声をかける。 |
| 入浴・<br>保健 | 1<br>or<br>2 | ・入浴時間を意識し、班・クラスの皆に声かけする。<br>・浴室・更衣室の整理整頓、忘れ物のチェックをする。（全員が出るまで待ち、クラスごとに忘れ物がないか点検する。）<br>・検温（就寝前・起床後）、健康カードへの記入の声かけ、回収、先生への提出をする。<br>・健康面で具合の悪い子に気づいたら、先生に報告する。 |
| 生活・<br>寝具<br>(飯ごう<br>炊さん) | 1<br>or<br>2 | ・部屋が常にきれいな状態に保たれるよう、清掃、声かけをする。<br>・寝具の準備、片付けの指示をする。最終日、シーツを運ぶ責任者を担う。<br>・弁当の残り等のごみの分別をする際、先生方の補助をする。<br>・上履き、トイレのスリッパを揃えたり、整頓の声かけをしたりする。<br>・飯ごうすいさんの準備をする。（1日目夕飯後） |
| レク | 2 | ・キャンプファイヤーの計画、準備、進行、使用器具の後片付けをする。 |

**POINT** 👉 場面 宿泊行事

行事のなかでも、宿泊行事は、

高学年にとっての**ビッグイベント**。

それだけに、**生活班の編成**は

いつも**揉めごと**と背中合わせ。

まずは、宿泊学習の**目的**を共有し、

子ども一人一人が**輝ける**

「**係**」を決めることから編成しよう！

## ⚠ 「自分が活躍できる場」を優先させて班を編成する!

宿泊行事では、寝食を共にする「生活班」、外での活動を共にする「行動班」などがあると思いますが、「誰と一緒の班になるか」は子どもにとって死活問題です。日頃から仲よくしている友達以外の班に入ってしまったら、最悪の宿泊行事になると思い込んでいるからです。そのため、揉めごとに発展しまうこともしばしば起きます。

とはいえ、慎重を期せばうまくいくというものではないので、私は「個性を生かせる班編成」に取り組んでいます。段取りは次のとおり。

①班決めまでに宿泊学習における生活班の意味、宿舎における係の仕事を明示する。

②班決めの際、自分は(「どの子と」ではなく)「どの係に」なりたいかをまず決める(班の数によって係全体の人数を考えておく)。

③同じ係を選んだ子ども同士でくじ引きを行い、生活班を決める。

みんなに指示を出しながら全体の進行管理をしてみたい子どもであれば班長になったほうがよいし、キャンプファイヤーなどイベントを盛り上げたい子どもであればレク係をしたほうがよいからです。この方法であれば、(なかには残念がる子どももいますが)当日の宿泊学習ではどの子も達成感や満足感を味わいます。どの子もみな自分の個性を発揮できるからです。

ちなみに、私は特に①を重視していて、宿泊学習の目的は「気の合う友達で同じ部屋に泊まること」ではなく、「責任をもって係の仕事に取り組むこと」などを丁寧に話します。ちょっと堅いようにも思いますが、この「堅さ」は譲らないことにしています。

### 実態に応じて柔軟に決める!

行動班については、割といろいろな決め方をしています。「先生が見えないところでの活動が多いから、安全面も考えて先生が決める」という年、「生活班ごとにくじを引き、生活班とは異なるメンバーで編成する」という年などさまざま。その年の子どもの様子に合うようにすることを重視しています。なお、個々の事情や指導上の配慮が必要な場合は、この限りではありません。

(三)

# アイテム 48 学年会議題ボード

5/24 学年会議題
○ 週の予定の確認
○ 上野遠足行動細案
○
○
☆ 1児童の様子

場面 学年会

POINT

 ダラダラ終わりの見えない会議はしたくない！

勤務時間内に終わる **15分間**の学年会、

されど、**充実**した学年会にしたい！

「学年会議題ボード」は、

短い時間で**効率的**に行える**必須アイテム！**

## ⚠ 勤務時間内に学年会を終わらせ、しかも充実する！

　学年会は週1回、休憩時間終了（16時30分）後の15分を充てています。勤務時間内に終わらせるのはもちろんのこと、週1回の学年会を通して、学年の教員が共通理解のもとで指導を進めていくこと、指導の在り方を見つめ直せる学年会にすることがポイントです。

　そこで、学年会を効果的・効率的に実施するために考えたのが「議題ボード」です。A4判程度のホワイトボードに議題を書き込み、学年の先生方の目につきやすい職員室の一角に掲示しておきます。ボードには余白をつくっておき、気になることがあれば追記できるようにします。どの週の学年会で話題にするか、提案文書の回覧で済ますのかなど、議題の扱いについては学年主任が決めます。

　議題が明確であれば、事前に自分なりに考えをまとめておくこともできますから、ただ提案を確認したり、話を聞いたりするのではなく、主体的に参加できる可能性が大いに高まります。また、議題やゴールがはっきりと見えるので、「今日何を話し合えればよいか」が共通理解できるので、効果的・効率的な会の運営にもつながります。

　私のこだわりポイントでもあるのですが、必ず「子どもの様子」を語り合います。事務連絡だけでなく、子どもの様子を語り合うことは、指導の在り方をアップデートすることにつながったり、それ自体がOJTの役割をも果たしてくれるからです。

### いつでも相談し合える雰囲気をつくる！

　「子どもの様子」の確認については、週1回の学年会だけで語り切れるものではありません。ちょっとした隙間時間に教師同士語り合える雰囲気が職員室にあることの重要性がここにあります。よかったこと、指導にむずかしさを感じる課題、思わず笑ってしまう出来事など、ざっくばらんに話せる雰囲気があることこそ、何か大きな問題が起きたときにも迅速に善後策を講じられる土台となります。

（三）

# 学級だより

|低学年|高学年|
|---|---|

**低学年**

第〇号　**ビックバン**　〇小学校

①保護者向けに週1～2回発行
②子どもの学習や生活の様子
③子どもの学びや試行錯誤の過程
④担任である私の判断基準、実際に行ったこと、その結果としての子どもの成長

**高学年**

第〇号　**ワンダフル**　〇小学校

①子ども向けに毎日発行
②フォントサイズは大きめ
③片面だけで収める
④写真はなし
⑤個人名も載せない
（チェックをする手間を省く）

**場面** 学校生活全般

**POINT** 👉 学級だよりは、保護者から**感謝**される、

トラブルの未然防止にも役立つ、

**コスパの高い**優れたツール。

**簡単**で、**楽**に、**短時間**でつくるための

工夫は**たくさんある。**

**自分に合った方法**を見つけて、

とにかく**発行**！

## ！ 学級だよりで保護者を味方につける！

「学級だより＝たいへん」というイメージをもっている先生は多いように思います。実際、たいへんなことに違いはないのですが、その効果についてはあまり語られることがないように思います。実を言うと、学級だよりほどコスト・パフォーマンスの高いツールはありません。その目的は保護者を自分の味方につけること。トラブルの発生を未然に防いでくれます。

学級だよりにおいて重要なことは、担任である自分の考えをはっきりと伝えるようにすることです。保護者とのコミュニケーションツールとしてだけでなく、担任としてのアイメッセージを伝える手段でもあります。以下は私なりの方法です。

[低学年] 保護者向けに週１〜２回発行。子どもの学習や生活の様子を伝えるだけではなく、①子どもの学びや試行錯誤の過程をストーリーとして伝える、②担任である私の判断基準、実際に行ったこと、その結果としての子どもの成長を書く。

[高学年] 子ども向けに毎日発行。フォントサイズは大きめ、片面だけで収める。写真はなし、個人名も載せない（いろいろなチェックをする手間を省く）。

こんな工夫ひとつで、20分程度で作成可能です。

ときには、自分が小学生だった頃の思い出、ニュースで話題になっていること、新しい教育の動きなども掲載します。

**タイトルの決め方** 年度末から年度始めにかけての楽しみは、次の学級だよりのタイトルを考えること。学級開きのあと、子どもと一緒にタイトルを考える方法もありますが、私はその年度に掲げた自分のテーマや、本などを読んで気に入った言葉をそのままタイトルにしています。

「たからもの」「まるごと好きです」「ど真剣」「フロントランナー」「ビッグバン」「トマトとメロン」「熱く楽しく」「ワンダフル」などなど、さまざまなタイトルをつけてきました。

タイトルだけでその年度のクラスが思い出されます。 （松）

# 学級だより風の学年だより

## スクラム ○年○月 ○号

**遠足の計画って、どう立てているの?**

今年の6年生の遠足は上野に行くことにしました。目的は、次の3つ。

① 移動教室の経験を生かして、グループで協力して計画を立てたり、行動したりする。
② 博物館の見学を通して、興味ある分野の知見を深めたり、新たな学びの芽を育んだりする。
③ 公共のマナーを守る実践力を高める。

　この3点を達成できる場所や計画は何か教員でよく考え、上野を選定しました。上野公園は日本を代表する博物館が多く、見識を深めるには最適の場所です(目的②に関連)。日々の自主学習で取り組んでいる「わくわく」メニューで取り組んでみたいこと、夏休みの自由研究につながるテーマもたくさん見つかるかもしれません。

　また、博物館同士も近くに立地しているため、子どもたちが自分たちの力で計画を立て、概ね時間通りに活動しやすい場所でもあります(目的①に関連)。移動教室では、共通の苦労体験、創作体験は十分にすることができましたが、班で立てた計画を協力して実践する機会は多くありませんでした。遠足でその部分を補っていきたいと思います。さらに、公共交通機関を使用することや、博物館内等での過ごし方などを考えることを通して、公共のマナーを守る実践力も養いたいと考えています(目的③に関連)。

　「今の子どもたちにどんな力をつけたいか」「何のために」という視点から、計画・場所を練っています。

**場面** 通年

POINT

学級だよりのよさを損なわず、

教師一人一人の力量形成も保障し、

事務仕事の**効率化**を図る!

それが「学級だより風の学年だより」。

当たり前を**見直し**、

**発行システム**を**再構築**したことで、

保護者の満足度も同時に**高める**!

# ！ 学年だよりの当たり前を見直す！

学年にかかわる学習予定、行事予定、連絡事項を掲載する学年だよりを月1回発行していますが、以前は、教務部作成の予定表（縦形式のエクセル）をカレンダー形式のワードファイルに置き換える（入力し直す）手間が発生するなど、効率的とはいえない状況がありました。そこで、教務部作成の予定表をそのままコピーできる形式に変更（全校一斉）したことで、ずいぶんと時間を短縮することができました。このような非効率の解消は、さまざまな場面で考えられると思います。

その一つが「学級だよりの学年だより化」です。学級だよりは効果が高い一方で負担も大きく、誰もが出せるわけではありません。そこで、学年だよりを使ってひと工夫。仕組みはとてもシンプルで、次のとおりです。輪番制で週に1回の発行とし、事務連絡にとどめず、教育活動について語るというのがミソ。こうすることで、「学年共通」の情報提供を行うとともに、各学級の学習の様子を同時に伝えられるようになります。ときには、専科の教師にも記事を寄せてもらうなどして変化をつけます（家庭科専科は、授業の様子や家庭実践のお願いなどを綴ってくれました）。

このように、「私たちの学年は、教師全員で子どもたち一人一人を見ていますよ」というメッセージを送るようにしています。そのためか、この方法は保護者にも好評で、「学年共通」という方針をポジティブにとらえてくれています。学年の教師、専科（当時は音楽、図工、家庭科、外国語）の先生方が総力をあげて、子どもたちの様子や連絡事項を伝えてくれるという受け止めだからなのでしょう。

**お便りづくりシステム** 学級だよりの発行は、教師の力量形成に寄与すると思いますが、これまでのやり方に固執すれば、教師の多忙さはより深刻さを増すでしょう。そこで、どの教師にとっても無理なく継続的に行えるようにする「システム」が必要になります。「月に1回程度の輪番制」「A4判に収める」「次週の予定表を最下部に入れる」など、ちょっとした工夫ではありますが、一つ一つの仕事の効果を担保しつつ効率をあげていくことができます。　（三）

## アイテム 51　保護者参加型の公開授業

第〇号 **トマトとメロン** 〇小学校

〇月〇日は、今年度1回目の土曜授業（学校公開）です。「見ているだけの授業参観から、共に学び合う学習参加へ」を合言葉に、子どもたちと保護者・地域の方と担任とが、学習に参加して学び合う場を創り出したいと思います。

全ての子どもたちが学びがいのある時間になるように、全家庭の保護者の皆様で子どもたち全員を見守っていただければ幸いです。ご協力をよろしくお願いします。

| | 学習活動 | 保護者へのお願い |
|---|---|---|
| 朝の会 | 元気調べと連絡の時間は、子どもたちが自由に話す時間です。 | 朝の会は必見です。ぜひ、朝からご来校ください。 |
| 1時間目 国語 | 仲間分けした漢字を使って、文をつくります。 | 丸付けにご協力ください！文を作った子が、ノートと赤鉛筆を持って丸つけのお願いに行きます。 |
| 2時間目 生活 | 「かにくぼ公園」で、何をして遊びたいかを話し合い、つくりたい遊び道具などを決めます。 | 子どもたち同士や私とのやりとりによって、どのように授業がつくられていくのかをご覧ください。 |
| 3時間目 体育 | 攻守が交代する鬼遊びです。子どもたちの求めに応じて、ルールを確認・追加・修正していきます。 | 体育館の前と後ろ、もしくはキャットウォークに上がってください。 |

**場面** 学校公開

**POINT** 👉 「見る⟷見られる」だけの

学校公開は楽しくない。

保護者が授業に**参加**できれば、子どもを介して

**保護者**と**担任**が**つながれる。**

クラスを**見守る**保護者が増えれば、

学校が、**すずめの学校**から、

**めだかの学校**になる。

## ❗ 授業参観から学習参加へ

　私の教員1年目は1年生の担任でした。両隣のクラスは経験豊かな女性の担任教師で、学校公開の折には、保護者からの厳しい（評価するような）視線が私に注がれました。正直、担任発表でがっかりしてしまっていたのでしょう（年度末、当時の保護者にこの話をしたところ、「そんなことないですよ〜！」と笑い話にはしてくれましたが…）。

　どうしたら、学校公開を教師の品評会にしないで済むか。ヒントになったのが、佐藤学先生の『学びの共同体』で語られていた「保護者の学習参加」です。保護者と担任が、子どもを挟んだ対面ではなく、同じ目線で共に子どもと向き合えるようにする。そのために、授業に参加してもらうことにしたのです。

　低学年であれば、国語や算数の問題演習で丸つけをしてもらいます。「同じ保護者の方からの丸つけは1回まで」を約束ごとにしておけば、子どもも保護者もいろいろなかかわりが生まれます。さらに、子どもの発表への感想をもらえれば、子どもにとっても次の学習につながります。以前、ちょっとハイレベルな問題に挑戦したときには、お子さんのいるグループに入って、助言をしてもらったこともあります。

　高学年であれば子どもが使うワークシートなどを保護者にも配り、子どもと一緒に学習を体験したり、子どもの発言の合間に「大人の意見」を保護者に披露してもらったりすれば、保護者との距離がぐんぐん縮まります。

### 保護者が参加したくなる工夫

　無為無策に頼んでみたところで、保護者が授業に参加することはできません。しかし、丸つけであれば、どの保護者も参加してくれます。要するに、参加せざるを得なくなる工夫をすることです。ハイレベルな課題に挑んでいる子どもの姿を見せれば、助け舟を出したくなるし、ワークシートを配ってしまえば、書き込んでみたくもなります。ただし、事前の仕込みも必要です。学級だよりで、授業の意図、保護者へのお願いごとを事前に伝えておくわけです。学校公開後の学級だよりでのお礼と成果報告も忘れずに。

（松）

# アイテム 52　保護者の体験授業

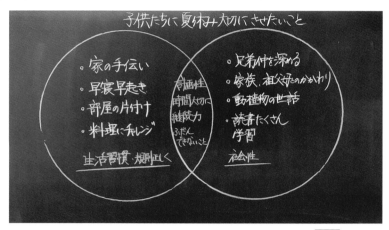

 **POINT**

参加すると得をする保護者会。

学びのある教育活動を仕事にしている

学校ならではの**満足感**を与えたい！

「おもしろかった！」

「たのしかった！」

「驚きや発見があった！」と

授業のもつ醍醐味をもち帰ってくれれば

学校教育への**見る目**が変わる。

だから**味方**になってくれる！

## 参加すると得をする保護者会

　「参加すると得をする保護者会」にするために実施しているのが保護者を対象とした授業です。保護者の参加率を上げるとともに、私たちが日々行っている（教室の後ろからただ眺めているだけではわからない）授業のねらいや教科特性を、体験を通して知ってもらうことが目的です。ある年は、総合で行っているような話し合い活動中心の授業を受けてもらいました。お題は「子どもたちに夏休みに大切にさせたいこと」です。活動内容は、以下のとおり。学級だよりで事前に活動内容を伝えています。

①付せんを配り、大切にさせたいことをおもいついたままにたくさん記入する（4分）。←「拡散的思考」を体験してもらう。

②4人1組でグループを形成し、自分が書いたことをもとにしながら交流し合い、模造紙上に付せんを貼っていく。

③同様の趣旨の意見を線で囲ったり、意見同士の関係がわかるように線や矢印でつないだりする（②と合わせて8分）。←「収束的思考」を体験してもらう。

④最後に、どんな意見が出たかをグループごとに発表する（1分）。

　最初のうちは、戸惑ったり恥ずかしがったりする姿も見られますが、すぐに活動に夢中になってくれます。発表の際は、通常の授業と同じように保護者の考えを板書します。このときは、うまく分類・整理できず、「総合の板書ってなかなかむずかしいんですよ。教師である私も試行錯誤の毎日です」と話をしたところ、みなさん共感的にうなずいてくれました。保護者からは、「教科書を教えるだけが授業ではないということがよくわかりました」「とても楽しかったです」という声も聞かれます。

**タイムリーな話題を提供**　ほかに取りあげる課題としては、学習の様子や生活面の様子はもちろんのこと、夏休み前なら「自由研究指導」や「評価の具体」について、進級・卒業前なら「○年生の発達」や「今後の入試改革」について話題にするとよいように思います。

　いずれにしても、大切なことは、そのときどきに応じた、保護者の興味を引けそうな事柄を選択することです。

(三)

# ロジック
## 編

# ロジック編

## 💡アイテムは目の前の実態と目指す姿の「はざま」に生まれる

　私たち教師は、日ごろから目の前の子どもの実態を把握しようとします。それとともに、「こんな子どもたちになってほしい」と目指す子ども像を思い描きます。この両者には、必ず隔たりがあります。そして、目の前の実態を、少しでも目指す姿に近づけていこうと試行錯誤するとき、指導に有益なアイテムが生まれる確度が上がります。

　目の前の子どもの実態がスタートラインだとしたら、目指す子どもの姿はたどり着きたいゴールです。いかに、ゴールに迫っていくか、そのプロセスの可能性が、私たちをワクワクさせます。なにしろ、どのような方法で迫ってもいい教師の自由裁量の領分だからです。

　他方、周囲の先生方の受け止めの仕方は自分たちとは違うことに気づかされることもあります。「○○の指導はこうしなければならない」という固定観念、「いままではこうしてきたから」という意識（前例踏襲）の呪縛から逃れられずにいる場合に、その違いがより顕著になります。何かおもしろいことを思いついても、それを使ってみることにためらいを感じてしまうのでしょう。そのような意味では、本書に収録しているアイテムや活用法に対して抵抗感を覚える方もいるかもしれません。馴染みのないものも多いと思いますので。

　しかし、私たちは、なにも奇をてらっているわけではありません。前述のように、少しでもゴール（目指す子どもの姿）に近づけるように試行錯誤した結果、生まれたアイテムだからです。

　私たちは、どの取組であっても、常に「何のために？」を問い直します。その目的があいまいであれば取組の必要性を再検討するし、そもそも目的そのものが形骸化してしまっているならば、（それが何十年と続けてきた伝統行事だったとしても）やめてしまいます。そうでないと、教師の仕事は膨れ上がっ

ていくばかりです。

実際に、取捨選択しながら、可能な限り効果的で効率的な取組を模索してきました。目の前の実態が変化し、それに伴って目指す姿を変える必要性が生まれれば、指導技術をアップデートしていく。そのための自由な発想を取り入れる柔軟性が、今後学校現場ではよりいっそう必要になってくるように思います。

ただし、アイテムだけが独り歩きしてしまうことは避けなければなりません。いったんそうなれば「何のために」が見失われ、本当に大切にしなければならないことが抜け落ちます。

そのため、「新しい発想が生まれる過程」こそが重要です。その結果として（一つの思考実験として）生まれたものが、本書に収録したアイテムです。けっして「何かよいアイテムはないかな～」などと「アイテムありき」で考えたものではありません。

## 💡アイテムの分類

本書では、5つの領域を設定し、領域ごとに 52 のアイテムを整理しました。この 5 つこそが、目指す子どもの姿（ゴール）を具体的にイメージするためのものです。領域は、次のとおり。

❶**主体性を引き出す**
❷**対話を活性化する**
❸**学びを深める**
❹**学級をまとめる**
❺**保護者を味方につける**

このうちの①～③は、「主体的・対話的で深い学び」に対応しています。ここでは、参考までに個々の定義を紹介します（中央教育審議会答申「幼稚園、小学校、中学校、高等学校及び特別支援学校の学習指導要領等の改善及び必要な方策等について」平成 28 年 12 月）。

「**主体的な学び**」

　学ぶことに興味や関心を持ち、自己のキャリア形成の方向性と関連付けながら、見通しを持って粘り強く取り組み、自己の学習活動を振り返って次につなげる。

「**対話的な学び**」

　子供同士の協働、教職員や地域の人との対話、先哲の考え方を手掛かりに考えること等を通じ、自己の考えを広げ深める。

「**深い学び**」

　習得・活用・探究という学びの過程の中で、各教科等の特質に応じた「見方・考え方」を働かせながら、知識を相互に関連付けてより深く理解したり、情報を精査して考えを形成したり、問題を見いだして解決策を考えたり、思いや考えを基に創造したりすることに向かう。

　これらに対して、領域の④と⑤は、「主体的・対話的で深い学び」を実現するための要素です。

　明るくて楽しい雰囲気のなかで、安心して学習に取り組めるようにすること、保護者が担任の味方となって支援してくれるようにすることは、よりよい授業を行ううえで不可欠です。そのような意味で、④と⑤は、学び合う環境づくりと言い換えてもよいでしょう。

　また、①～⑤は指導の順序性を表すものではない点にも注意が必要です。すなわち、①と②に取り組んでから③に取り組むというものではなく、また④⑤という環境が整備されてから①～③に取り組むというものでもありません。

　①～③を通して④⑤を目指す、④⑤の実現を通して①～③の質を高めるという、この２つのベクトルは双方向であり、同時的です。いわば、学習の両輪である授業づくりと学級づくりを行き来するサイクルだと考えるとよいでしょう。

　さらに、この５つの領域は、目的別に一つ一つのアイテムの相互関係を可視化するために設定したもので、アイテムの可能性を固定化するもの

ではありません。たとえば、「①主体性を引き出す」ために有用なアイテムの一つとして「マスキングテープ」を紹介していますが、目的次第で①以外の領域でも使えるはずです。たとえば、「③学びを深める」場面で活用できそうだと思ったら、ぜひ本書の内容のほうを読み替えてください。

## 💡 アイテム使用上の留意点

　本書で扱っているアイテムも、薬のＣＭにあるように「用法・用量を守って正しく」使うことが大切です。常に「何のためにそのアイテムを使うのか」と目的を意識しながら個々のアイテムに適した活用場面を考えてほしいのです。

　本書では、１つのアイテムにつき、見開きで目的、活用場面、活用方法、教育効果を端的に解説しています。どのアイテムにせよ、取り入れる場合には、まず本書のとおりに使ってみていただき、子どもの反応を見ながら、より自分の手に馴染むようにアレンジを加えることをオススメします。

　目の前の子どもたちもそれぞれだし、地域性もあるだろうし、なにより教師一人ひとりの個性も違います。ですから、「これをやればうまくいく」という意識ではなく、自分の指導技術をアップデートするための「改造可能な道具」だととらえていただけると間違わずに済みます。

## 💡 有用なアイテムを使いこなせれば、指導技術は向上する

　私たちの目標は、（繰り返しになりますが）目指す子どもの姿（ゴール）を実現することですが、実は、もう１つあります。それは、アイテムのポテンシャルを引き出し、使いこなせるようになることによって指導技術をアップデートすることです。

　この指導技術のアップデートには、適切な時機があります。それは、自分の指導観を見直すときです。

　教師になった初任のころから数年は、どの教師もまずベテランの教えを受けながら、とにかくも教えることに軸足を置いて着実に力量形成を図っていきますが、いずれ子どもの力を自ら引き出す授業を行いたくなります。

　その時機がいつ到来するかは、人によってさまざまでしょうけど、そのときがくれば、「教師が丁寧に教える授業」と「子どもの力を信じて任せる授業」のいずれを選ぶのか、選択の岐路に立つことになります。

　まさに、教師としてのよい転換期に当たるものですが、指導技術を本質的にアップデートするためには、これまでの自分自身の授業観や子ども観を一新しなければならない点にむずかしさがあります。

　なかなか一足飛びにはいかない事柄なので、自分の実践を少しずつ変えながら、新しい「観」に馴染んでいく方法もあります。そこで、まずは本書が取り上げているアイテムを（騙されたと思って）使ってみる。こうした小さな変化によって、いままでとは異なる子どもの反応が見られたら、きっと自分のなかに何かが生まれるはずです。

　また、繰り返し使うにつれて、自分なりのアレンジも生まれてくるでしょうから、自分の道具としてより手に馴染んでくると思います。たかがアイテムですが、確かな一歩を踏み出すきっかけになることは間違いありません。

## 💡アイテムは伝播する

　一口に指導技術をアップデートするといっても、たとえば隣の教室の先生の指導力の素晴らしさを自分の授業に取り入れることのむずかしさは、どの先生方も感じたことがあるでしょう。それはなぜか。ずばり技術そのものは無形だからです。手に取って確かめられないものだから貴重だという考え方もありますが、せっかくの素晴らしさも、その教師限りでとどめておいてはもったいないと思います。こんなときに有効なのも、アイテムです。

　目に見える、手に取って確かめられる具体物であるから、理解もしやすいし、取り入れやすいわけです。しかも、本書ではアイテムの活用法（後述）もつけていますので、おもしろいと思うものが見つかれば、（アイテムにもよりますが）明日からでもすぐに取り入れられるというハードルの低さも特徴の一つです。このように、無形の技術ではむずかしくとも、有形のアイ

テムであれば共有できます。

こうした営みは、働き方改革の趣旨とも合致しています。なぜなら、(少なくとも私たちの考える) 働き方改革は、手間暇のかかる仕事の時間や量を減らすことだけではなく、これまで学校が当たり前だと思い込んで行ってきた仕事の目的や意味を問い直し、優先順位をつけたりあり方を見直したりすることだからです。

本書で紹介するアイテムは、一つ一つの取組を「何のために？」と問い直しながら作成し、試行錯誤しながら改良を重ねてきたものです。ぜひみなさんとも共有し、少ない時間のなかでも「今日よりも明日の授業をよりよいものにしていける」ことを願っています。

## 🔆 アイテムは永遠に改善され続ける

私たちは、経験年数10年に満たない教師です。だからこそ、前例にとらわれない自由な発想の下でいろいろな試行錯誤ができたし、またそれを周囲からも許されてきました。これからも、一つ一つのアイテムの精度を上げるべく、改良し続けていきたいと思います。

ぜひ読者の先生方も、自分の使いやすいようにどんどん改良し、授業づくりを通して、あるいは学級づくりを通して、思う存分子どもたちの力を引き出していただければ幸いです。

（松村英治）

# アイテム活用法

　目の前の子どもの実態や地域性、学校文化、教師としての個性など、本当にさまざまですから、教師の数だけ適切な指導技術があるといっても過言ではないと思います。

　そこで、ここでは、松村先生の趣旨に則りつつ、「どんな点を意識するとよいか」という視点から、15の活用法を紹介したいと思います。

## 💡［活用法1］ 自分が使えそうだと思ったものをつまみ食いで活用する

　本書に収録したアイテムは、私と松村先生との試行錯誤の結晶ともいうべきものですが、それだけに私たちの個性が色濃く出ているものでもあります。ですので、最初のうちは「これは使えそうだ」と直感したアイテムを参考程度で試験的に取り入れるくらいのイメージでよいと思います。

　たとえば、「授業づくりガイドライン」（アイテムNo.09）は、生活科・総合的な学習の時間の授業研究（前任校の松仙小学校で実践）の研究成果から一部を切り取って紹介したものなので、そのままでは使いにくいところもあるでしょう。

　こうしたアイテムについては、部分的に採用する参考用アイテムだと考えるとよいと思います。たとえば、「めあて・見通し」「中心的な活動」「まとめ・振り返り」といった「大きな枠組み」のみ取り入れる、あるいは「まとめ・振り返り」の活動に課題を感じている場合には、学習活動を具体的にイメージするために活用するといった調子です。

　また、本格的に活用するのであれば、このアイテムを参考にしながら、自分独自のガイドラインをつくるという考え方もあると思います。たいへんな作業にはなるとは思いますが、勤務校の先生方で共有できるものに仕上げられたら、若手教師の力量を底支えする、同僚性が高まる、研究授業をやりたがる教師が増えるなど、思いもよらぬ効果を実感できるでしょう。

## 💡 [活用法2] スモールステップで活用する

　計算したり、漢字を覚えたりする学習は、繰り返すことも定着に向けた一つの方法です。これは、学習の「学び方」も同じことが言えます。積み重ねていくことで、教科ごとに求める「学び方」と子ども自身の「学び方」が融合していきます。

　このような観点から考案したのが「テスト予定表」（アイテムNo.08）です。私は「学期内に漢字小テストを終わらせたい」「見通しをもって漢字小テストの勉強に取り組んでほしい」と思っていたので、まずは漢字小テストの実施計画のみを子どもに提示し、そこから少しずつ、学期末のテスト予定表、学期全体のテスト予定表へと範囲を広げていったわけです。「すぐに使える」タイプのアイテムがある一方で、このアイテムのように、「スモールステップ」で段階的に浸透させることでうまくいくアイテムもあります。

## 💡 [活用法3] 自分の目的を明らかにする

　松村先生も書いていることですが、どの取組についてもまずは「何のために行うのか」意味や目的を明らかにし、その目的達成のために考案してきたのがアイテムです。ですので、読者の先生方におかれても、ぜひ本書に収録したアイテムを取り入れる際に「何のために」を考えていただく機会にしてほしいと思います。それが手段の目的化を防止する最良の方法だと思います。

　たとえば、「学習活動『選択制』」（アイテムNo.02）であれば、子どもに「選択させる」ことを通して、「思考を活性化させる」「意欲を喚起する」ことが目的です。すなわち、「選択させること」自体が目的ではないということです。

　教育活動に資する目的でさえあれば、「ウェビングマップのワークシートで自由に拡散的な思考を促そう。でも、ある程度視点が決まっているほうが考えやすい子もいるだろうから、Xチャートのワークシートも用意しておこう」といった対応ができるようになります。

## 💡 [活用法4] 人権なくしてアイテム活用なし！

「人権なくして教育なし」この言葉は、前任校の校長先生の学校経営方針でした。この考えは、本書収録のアイテムにも通底しています。

たとえば、「子ども自作テスト」（アイテムNo.06）は、身の回りで実際に起きたおもしろい出来事を題材にして、身近な人たちを登場させながら子どもたちが問題をつくるという実践で、どの子も楽しそうに取り組んでくれるアイテムの一つです。

ここに、人権への配慮が欠かせません。子どもたちがつくってくれた問題文が「からかいを助長する言葉になっていないか」「名前の登場回数に公平性が担保されているか」「一部ではなく、クラス全体で楽しめる話題になっているか」について、細かくチェックします。

人権に配慮しながら、子どもに任せることと教師がかかわることの線引きをしっかり行うことが、思わぬ失敗を招かずに済む秘訣です。

## 💡 [活用法5] 形式にとらわれなくていい

「おもしろそうだけど、ちょっと自分には使いにくいな」と感じるアイテムがあれば、アレンジを加えて、やりやすいようにどんどん改良してしまいましょう。

たとえば、「板書用マグネット」（アイテムNo.24）であれば、特段珍しいものではないので、有効活用している先生方は多いと思います。ただ、マグネットの大きさ、使用する場面、教室のどこに置いておくかといったことは、教師の使用目的に応じて多様であるはずです。

本書では、私たちの実践において最良な方法を提案していますが、それにとらわれる必要はありません。一部でも全部でも変えてしまっていいし、むしろ自分のやりやすいアレンジを見つけるための一つの参考事例として、本書を活用するという考え方だってよいのです。

ところで、ノートの点検・記録を行う際、私は次の2パターンの段取りを採用しています。

①1～10の子で揃えて持ってきてもらい、その順序を崩さずにノート点検・記録等をする。

②席の後ろの子から順番に送ってもらい、自分のものを上に積み重ねて提出させ、提出した順序を崩さずにノート点検・記録等をする。

本書を読み進めていくとわかりますが、「色分け分類グッズ」（アイテムNo. 40）では、松村先生は「丸型カラーシール」を活用してノートの点検・記録を行っています。つまり、目的は同じだけど、実現方法は私とは異なるという例です。

つまるところ、目的が子どもたちの教育に資するものであれば方法はなんだっていいということです。そこで、本書収録のアイテムをそのまま活用してもいいし、アイテムそれぞれの目的を読み解きながら、「自分だったらどんな方法で実現するか」を考えてみるのも本書の楽しみ方の1つだと言えるでしょう。

## 💡[活用法6] アイテムによっては根拠と説得力を付与する

本書収録のアイテムは、「マスキングテープ」（アイテムNo. 01）に代表されるようなちょっとした指導テクニックと、「学級会グッズ」（アイテムNo. 12）で紹介している「司会台本」のように、学習指導要領などの根拠を必要とするアイテムに大別できます。

後者であれば、特別活動の学級活動(1)「学級や学校における生活づくりへの参画」の学習過程（例）を根拠としています（「小学校学習指導要領解説 特別活動編」p.45）。

この学習過程（例）は、学級会の充実を目的としており、①「問題の発見・確認」、②「解決方法等の話合い」、③「解決方法の決定」、④「決めたことの実践」、⑤「振り返り」があり、アイテム活用に当たっては、どの段階が有効なのかを考えています。

ラミネートしてマグネットをつけた短冊であれば、②「解決方法等の話合い」、③「解決方法の決定」の段階で活用し、書いたり消したり動かしたりした後に、④「決めたことの実践」でも活用します。

　話し合って決まったことが書いてある短冊はすぐに消さずに、後ろの黒板などに貼っておくことで、学級会後も活用することができます。めくりプロ型の司会原稿は、①「問題の発見・確認」、②「解決方法等の話合い」、③「解決方法の決定」をする際に活用しています。

　このように、学習指導要領との規定内容に紐づけることも、指導技術のアップデートに欠かせないと言えるでしょう。

## 💡[活用法7] 最新情報へのアンテナを張る

　SNSをはじめとして、情報化の進展によりさまざまな情報を手軽に入手できる時代です。そのため、本書収録のアイテムも、これで完成形ということではなく、最新情報を取り入れながら改良され続けていくものです。

　たとえば、「道徳授業のユニット化」（アイテムNo.34）で紹介している道徳授業の小単元化という試みは、まだまだ一般には普及していませんが、これまでの1時間単位の道徳とは異なる新しい試みが現場ですでに行われていることは知っておいたほうがよいと思います。

　このように、新しい変化に敏感であることが、日に日に成長していく子どもたちへの指導のアップデートに必要だと思います。

　文部科学省や都道府県教育委員会、教科書会社のWebサイトをチェックしたり、SNSなども利用したりしながら、教育に関する最新情報を集め、整理し、おもしろそうなことは（実際に使えるかは別として）ピックアップしておく。こうした積み重ねが、すでにあるアイテムの改良やオリジナルの自作アイテムの創作につながっていきます。

## 💡[活用法8] 学校にある備品を有効活用する

　教育活動に使用する備品、消耗品、保管量は学校によって違いがあるので、本書で扱っている道具がすべて揃うわけではないと思いますが、代用できるものもあると思います。また、比較的安価なものであれば学校事務に依頼して購入してもらえることもあるでしょうから、足りないものを必ずしも自費で購入する必要はありません。

　なお、「ネームマグネット」（アイテムNo. 19）など十分な数が揃わない場合には、板目紙でつくってもよいでしょう。そもそも本書収録のアイテムは、どちらかというと、学校にもともとあるけれど、これまであまり使われていなかった材料などの再利用も兼ねていることもあります。すべては工夫次第です。

## 💡 ［活用法9］ 子どもの発達段階や実態を踏まえる

　どのアイテムでもそうですが、「Aさんだったら…」「Bくんだったら…」など子どもの実態や、「低学年だったら…」「高学年だったら…」など発達段階に即した活用法を考えることが大切です。

　たとえば、私は高学年を受けもつことが多いので、どうしても高学年向けのアイテムが多くなってしまうのですが、仕様を変えれば低学年の子どもたちにも使えるものに改良できるでしょう。こうしたことも、発想次第です。

　また、「指名くじ」（アイテムNo. 18）であれば、みんなの前で自分の考えを口にすることが好きな子どもが多ければ、本書のとおりに使えますが、そうでない子どもが多いのであれば、全体での話し合いではなく、グループ活動に取り入れてみるという発想も大切です。

　いずれにしても、アイテム活用において重要なことは、子どもの発達段階や実態を踏まえた「場面」と「タイミング」です。

## 💡 ［活用法10］ 理屈よりも目の前の現実を優先させる

　たとえば、「自由研究Yチャート」（アイテムNo. 17）の事前指導がうまくいくためには、「問いを立てて、仮説を立て、それを検証し、結果をまとめる。うまくいかない場合は再考する」ことが前提となります。しかし、これらをすべて自分の力でこなせる子どもはそういません。もし、目の前の実状を無視して強行すれば、教師の独りよがりの指導となってしまうでしょう。

　［活用法9］ともかぶりますが、やはり子どもたちの実態に応じたアレ

ンジが必要だと思います。たとえば、問いや仮説は教師が提供するけれども、問いに対する考えやまとめは必ず書くようにする、あるいは情報の集め方に重点を置くなど、子どもたちの現状の力よりもほんの少しだけ高い課題を課し、それ以外は教師が担うという考え方です。

　理詰めの指導だけでは、うまくいかないのが現実です。ですから、「現実のほうを優先して決める、理屈は後づけでもいい」くらいの柔軟性が、アイテム活用には必要だと思います。

## 💡 [活用法 11] 自分の「指導の重点」に合わせて、アイテムの活用の仕方を選ぶ

　ふと、自分の仕事を振り返って、「なぜ、このことに時間をかけるのだろう？」と思ったことはないでしょうか。「大事なことはほかにあるはずなのに、なぜ時間をかけられないのだろう」とも。これは、教師として大切にしていることと、やらなければならない（と思い込んでいる）ことのギャップによって生まれる自分自身への疑問です。その答えは、自分にしか出せない「指導の重点」であり、これは教師によって異なるものですから、時間のかけ方や力の入れ方も可変だということです。

　たとえば、「自主学習ノート」（アイテムNo. 16）であれば、私は「子どもへのコメントは毎日入れる」ことにしていますが（時間もかかるし、「ドタバタ」とコメントを入れることもありますが）、そうするのは私自身が、そのやり方に大きな意義を感じているからです。では、意義を見いだす指導の重点が違っていたら？　言うまでもなく「毎日コメント」は、マストではなくなるということです。すなわち、「このアイテムは、コメントを毎日入れないと効果がない」と思ってしまっては誤認するということです。

　「自主学習ノート」に限らず、大事なことは、先生方が「自分の仕事の何に意味を見いだすか」「どのアイテムであれば価値を感じるか」「活用の仕方は自分に合っているか」「それは、時間を割いてでも取り組もうと思えることか」を明らかにすることです。すなわち、自分自身の「教育観」（個性や信念等）を明らかにし（場合によっては言語化し）、その「観」にしたがっ

て仕事の仕方を選択することが重要だということです。

　ぜひ、各アイテムの使い方だけでなく、「何のために、そのアイテムを活用するのか」自分なりの目的を見いだしながら、自分にとって有用だと思える活用の仕方を選択してほしいと思います。

## 💡[活用法12] 入念な仕込みがアイテムの効果を倍増させる

　本書収録のアイテムには、「明日からすぐに効果を期待できる」ものと、導入や運用に「しっかり時間をかけることで効果を期待できる」ものに大別できます。後者の「時間」とは、アイテムの作成時間ではなく、子どもたちの話す・聞く・読む・書く力を一定水準まで引き上げるなどの「アイテムが効果を発揮するための環境づくり」、または教師間の協働が必要なアイテムであれば「共通理解を図り条件整備を行う環境づくり」に時間をかけることで効果が生まれるという意味です。

　たとえば、「学びの地図」（アイテムNo.26）であれば、導入そのものはすぐに行えるアイテムですが、1学期末→2学期末→3学期末と、時間をかけて少しずつ積み重ねていくことが必要です。この運用がうまくいけば、学期ごとに学んだことを俯瞰的に振り返ることができるので、子ども一人一人が自分の学びを自覚化できるようになります。

　「卒業文集書き方マニュアル」（アイテムNo.37）であれば、各学校の実状に合わせ、教師同士の共通理解を図りながら、完成までのスケジュールを学年会等で逆算で考えるのと同時に、卒業文集を書くことへの子どもたちの意欲を高める仕込みの時間が必要となります。

　「行事シート」（アイテムNo.14）であれば、学校行事の目標を適切に設定するとともに、目標に整合する指導・活動の充実する期間を挟むことによって効果を発揮します。つまり、事前指導・事後指導の充実とセットのアイテムなわけです。

## 💡[活用法13] 使えるアイテムはどんどん広める

　私たち教師の実践は、ある段階を迎えると、自分一人限りの実践から学

年団を形成する実践、やがては学校全体で取り組む実践へと桁を上げていきます。これは、主幹へ管理職へといった職階が上がるのと連動したものですが、たとえ一教諭の立場だったとしても、同僚と共に指導力を上げていけるのだとしたら、一人きりの実践よりもはるかに楽しく、また実りあるものとなるでしょう。

その一役を買えるのがアイテムだと私たちは思っています。指導そのものは無形ですから、手渡しできるものではありませんが、アイテムであれば誰とでもすぐに共有することができるからです。自分が考案したアイテムを共有する。誰かが改良版をつくって還元する。こうしたやりとりが、個々の教師の指導力を相乗的に引き上げてくれます。ですので、「自分のためだけにとっておく」のではなく、どんどん広めてしまいましょう。

たとえば、「行事の練習計画表」（アイテムNo.45）であれば、最初は1学年での取組でした。それが、このアイテムと教育効果が、だんだんと全校に広まっていき、やがて学校全体での取組に発展していきました。これも、自然にそうなったわけではなく、自然に広まっていった結果です。アイテムをきっかけとして、新しい学校文化が形成されることもあるという一例です。

## 💡 ［活用法 14］ アイテムの効果は時間差でジワジワ効いてくる！

「即効性」は薄いものの、「ジワジワ効いてくる」アイテムもあります。粘り強く、地道に使い続けることで効果が生まれるタイプです。時間はかかるものの、いったん効果が出だすと、即効性のあるアイテムよりも大きな成果につながるというのも、このタイプのアイテムの特徴です。

たとえば、「資料読み取り名人」（アイテムNo.30）が好例です。年度当初、ノートの最初のページに貼っておくアイテムです（教室掲示もします）。最初のうちは、それを見返しながらグラフを読み取るわけですが、やがて（結構な時間を要しますが）このアイテムを必要としなくなります。アイテムを見なくてもグラフを読み取れる力を子どもたちが身につけるからです。

　子どもが必要としなくなることで真の効果を発揮するアイテムだと言うことができます。さらに見方を変えれば、資料を読み取るという汎用的能力を手に入れるためのアイテムだと言うこともできるでしょう。

## 💡[活用法15] 愛着あるアイテムに育てよう！

　教材に惚れ込むことができれば、自然と教材研究にも力が入るし、授業も熱意あふれるものとなるでしょう。アイテムも同じです。教師自身が、アイテムを使う意味や目的を明確にし、実際に使ってその有用性を実感できれば、「愛してやまない」ものになります。このときに生まれる教師の熱意は、必ずや子どもたちに届くと思います。

　ここまで15の活用方法を紹介してきました。ほかにもいろいろな活用方法があると思います。ぜひいろいろなアイテムに触れていただき、その目的や効果、活用法の自分アレンジなども想像しながらお読みいただけるとうれしく思います。

（三戸大輔）

＊

　本書の制作にあたり、多くの方々のご協力をいただきました。これまでの勤務校の児童と保護者のみなさま、私たちの挑戦を温かく見守っていただいた管理職の先生方、勤務先の教職員のみなさまのおかげで、いまの私たちがあると思っております。また、さまざまな公開授業や研究会、資料などから学んだ事例などを参考に、試行錯誤しながら実践してまいりました。この場を借りて心より御礼を申し上げます。

　最後になりましたが、東洋館出版社の高木聡氏、大岩有理奈氏には、私たちの実践のポテンシャルを最大限に引き出すべく、ご尽力いただきました。ありがとうございました。

令和2年8月吉日　松村英治・三戸大輔

松村 英治（まつむら・えいじ）
東京都大田区立松仙小学校主任教諭

1988年生まれ。東京大学大学院教育学研究科にて、秋田喜代美先生に師事、修士（教育学）。研究主任を経てOJT推進担当に就任、校内の授業改善を推進中。国立教育政策研究所「評価規準、評価方法等の工夫改善に関する調査研究（R1小学校生活）」協力者。
〈主な著書〉『仲間と見合い磨き合う授業研究の創り方』2019年7月、『学びに向かって突き進む！1年生を育てる』2018年2月、いずれも東洋館出版社、ほか多数

三戸 大輔（みと・だいすけ）
東京都渋谷区立加計塚小学校主任教諭

1988年生まれ。大田区立松仙小学校教諭を経て平成31年4月より現職。平成28年度から研究副主任を務め、松村とともに「『楽しい』学校の創造」というテーマの下、校内研究を推進。現任校では校務主任を務め、校務改善に取り組んでいる。また、東京教師道場部員等の経験を生かし、社会科の授業改善にも取り組んでいる。

# 指導技術アップデート
# ［アイテム52］

2020（令和2）年8月25日　初版第1刷発行

著　　者　松村英治
　　　　　三戸大輔
発 行 者　錦織圭之介
発 行 所　株式会社 東洋館出版社
　　　　　〒113-0021　東京都文京区本駒込5-16-7
　　　　　営業部　電話03-3823-9206 ／ FAX 03-3823-9208
　　　　　編集部　電話03-3823-9207 ／ FAX 03-3823-9209
　　　　　振　替　00180-7-96823
　　　　　ＵＲＬ　http://www.toyokan.co.jp
装　　幀　中濱健治
印刷・製本　藤原印刷株式会社

ISBN978-4-491-04109-4　Printed in Japan